RESILIÊNCIA
À PROVA

RESILIÊNCIA
À PROVA

CARLOS BARROS DA SILVA

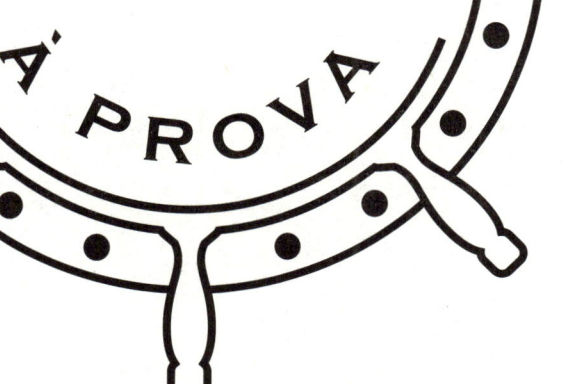

Literare Books
INTERNATIONAL
BRASIL · EUROPA · USA · JAPÃO

Copyright© 2017 by Literare Books International.
Todos os direitos desta edição são reservados à Literare Books International.

Presidente:
Mauricio Sita

Capa e Diagramação:
Douglas Duarte

Revisão:
Ivani Rezende

Gerente de Projetos:
Gleide Santos

Diretora de Operações:
Alessandra Ksenhuck

Diretora Executiva:
Julyana Rosa

Relacionamento com o cliente:
Claudia Pires

Impressão:
Rotermund

Dados Internacionais de Catalogação na Publicação (CIP)
(Câmara Brasileira do Livro, SP, Brasil)

```
Silva, Carlos Barros da
   Resiliência à prova / Carlos Barros da Silva. --
São Paulo : Literare Books International, 2017.

   ISBN 978-85-9455-042-2

   1. Autoajuda 2. Desenvolvimento pessoal
3. Histórias de vida 4. Motivação 5. Resiliência
(Psicologia) I. Título.

17-08543                                    CDD-155.24
```

Índices para catálogo sistemático:

1. Resiliência : Psicologia positiva   155.24

Literare Books
Rua Antônio Augusto Covello, 472 – Vila Mariana – São Paulo, SP.
CEP 01550-060
Fone/fax: (0**11) 2659-0968
site: www.literarebooks.com.br
e-mail: contato@literarebooks.com.br

SUMÁRIO

7
DEDICATÓRIA

9
PREFÁCIO

11
BIOGRAFIA

13
História de vida

43
A vida no parque

47
A vida na escola

57
Poema

77
Agradecimentos

dedicatória

Dedico esta obra a minha querida esposa Célia e a meus filhos Cleber e Michele, a meus netos Fabrício e Julieanny, a minha nora Aline, a meu genro Gilberto, a meus irmãos e demais familiares.

PREFÁCIO

Um herói um guerreiro

Em berço pobre, o menino nasceu.
Quando criança, quase morreu.
Entre rezas e orações, sobreviveu.
Com severidade - e até crueldade - pelo pai, apelido Zé Carvoeiro, cresceu o menino.
Com todos os sonhos infantis, formou-se no escotismo.
O menino tornou-se adolescente. No coração, um desejo crescente: novos ares, novos lugares, novos lares (RJ).
Veio a maturidade. A primeira paixão. Um amor proibido, nos laços do preconceito. Um amor sem direito vivido.
Mas a vida continua. Novo amor. Uma família.
Na cidade paulistana, com luta e labor, muitos sonhos se transformaram em realidade.
O sonho prossegue.
O herói caminha em seu navio destino. Agora, um audaz marinheiro.
Assim nasceu este livro da história de um Guerreiro.

Biografia

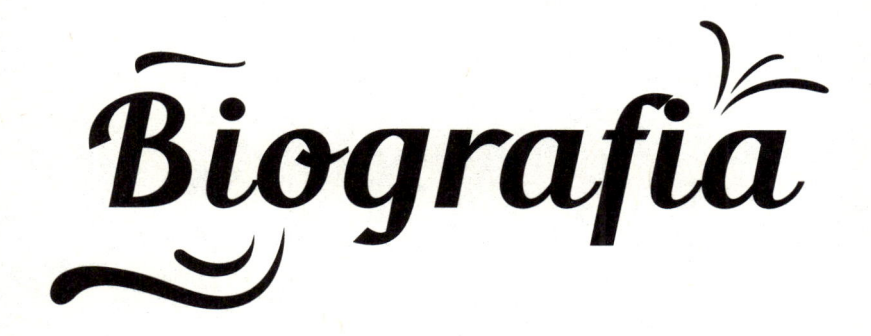

Carlos Barros da Silva nasceu no dia 24 de março de 1953, em Recife, Pernambuco. Filho de José da Silva, apelidado Zé Carvoeiro, sapateiro, e de Carlinda Barros da Silva. O terceiro de nove filhos. Morou na rua Campos do Universo, no Bairro de Casa Amarela. De uma família pobre, mas honesta, começou a trabalhar na infância, ajuntando areia e carregando a marmita para seu pai e o irmão mais velho.

1

História
DE
VIDA

Vovó Lalaia, mãe do meu pai, era muito alegre. Mas um dia, depois de passar roupa com ferro aquecido com brasa, foi tomar banho na água fria e acabou morrendo.

Vovó Isabel, mãe da minha mãe, era corcunda e tinha sete dedos nos pés e nas mãos. Quando eu chegava à casa dela, olhava pelo buraco da fechadura e a via escondendo as mangas maduras que caiam do pé. Ela tinha medo de ficar sem alimento.

Tia Noca não se arrumava. Era feia de fazer dó. Não penteava os cabelos. Fazia pitó. Como era um pouco esquecida, parecia retardada. Seu marido Pedro, que trabalhava como funcionário público, não aguentou a mulher. Era suja e preguiçosa. Por não olhar as filhas, uma acabou falecendo queimada. A irmã de quatro anos, brincando com álcool e palito de fósforo, tacou fogo na irmã menor.

Tia Clarice, irmã da minha mãe e da tia Noca, era doce como mel e prestativa.

Tia Célia era boazinha e me levava para as festinhas. Era muito bom!

Em uma das festas que fui com tia Célia, deu uma disenteria nela. As fezes ralas desciam pelas suas pernas. Como tínhamos que pegar um ônibus até o Córrego da Areia, ao entrarmos no ônibus, todos sentiram o fedor. Um fechava a boca e tapava o nariz; outro gritava para motorista: "Defecaram dentro do ônibus". Ela dizia que aquilo aconteceu porque cometeu pecado por ter ido à festa.

Minha mãe contava que, com seis meses de idade, eu estava chorando com fome e minha tia Noca me deu um pedaço de manga. Eu fiquei muito doente. Até fui desenganado pelos médicos. Mas, graças à fé de minha mãe e as promessas a São Severino, melhorei.

Quando eu era pequeno, era magrinho de fazer dó. Dava para contar os ossos da minha costela. Lembro-me de que, na hora do almoço, todos se sentavam nos tamboretes em volta da mesa de madeira de tábua lisa, oravam o Pai-Nosso com fé e devoção, colocavam a comida na caneca ou no prato, partiam a sardinha salgada em nove pedaços iguais. Quem ficasse com o rabo ou cabeça não podia reclamar. Depois punham o pirão de água, farinha e sal. Quando variava o cardápio, era banana podre com farinha. O meu almoço era assim e a janta também. Na hora do café, minha mãe fazia o mingau de cachorro. Colocava no fogão à lenha uma panela de barro com água, alho, sal e farinha e mexia até ficar no ponto. Então servia na mesa. Quando a situação melhorava, tínhamos no almoço e na janta bucho, tripa e bofe de boi.

Mesmo assim consegui viver.

Meu pai ganhou o apelido de Carvoeiro, porque vendia carvão na rua Beco do Quiabo. Quando ele viajou para São Paulo, aprendeu o ofício de sapateiro.

Na época em que meu pai viajou para São Paulo, estava de casamento marcado com minha mãe. Como não conseguiu voltar no dia do casamento, pediu para meu tio Bernardino assinar no lugar dele no cartório. Só que meu tio assinou o nome dele e não do meu pai. Ao descobrirem a fraude, os dois foram parar no xilindró e passaram alguns meses presos. Minha mãe teve que esperar dez anos para poder se casar com meu pai, até o processo encerrar.

Quando meu pai voltou de São Paulo, não queria mais vender carvão. Então, colocou uma oficina de conserto de calçados. Naquela época, eu tinha cinco anos de idade e vivia na sapataria.

Na oficina de calçados, tinha de tudo. João Doido, negro forte de olhos arregalados, que vinha com uma vara de mais de quatro metros nas costas e corria atrás das crianças que mexessem com ele, soltando palavrão e metendo a vara. A rua ficava em festa quando João vinha passando. Dentro da sapataria, sempre ficava Zé Cotó, perneta de uma perna só. Era um sujeito valente, cachaceiro, pinguço e esmolé. Espancava a mulher Josefa e quebrava tudo dentro de casa. Zé Cotó trabalhava na sapataria com meu pai. Estava sempre bêbado, com uma peixeira na cintura e outra na mão. Cantava prosas em ritmo esquisito: "O coronel meteu, meteu o pé na botina quando veio da usina, seu engole cobra". Também tinha o cego mendigo Veleiro. Quando perguntavam para ele: "- Veleiro, cadê o Seu Barros?", o circo estava montado. O cego corria com um bastão, gritando palavrão. Para os que viam a cena, era só festa. À tarde, sempre passava o ladrão cara lascada e seu comparsa, que roubavam o mendigo Veleiro e depois iam para a sapataria do meu pai pedir dinheiro. Para completar, ainda tinha o Zé Bitinho, cachaceiro, valente e desordeiro. Caio, moleque travesso, lascava a cabeça das crianças jogando pedra só para ver a sangueira derramada e o povo gritando. Arlindo, bêbado, que dava som aos sábados e domingos dentro da sapataria com alto-falante e amplificador. Jade também era dono de amplificador, com corneta. Quando Arlindo não dava som, ele é que dava. Era um sujeito branco, cheio de risada. Soltava gracinhas para as mulheres casadas. Qualquer mulher que passasse, não respeitava. Sempre tinha um gracejo ou uma piada: "Cerca por lá e trais para cá para eu come".

Resiliência à prova

Um dia ele soltou uma piada para uma mulher e não percebeu que o marido vinha na sua captura. Então, o marido puxou a peixeira e deu sete facadas na barriga dele. O intestino ficou para fora. Foi parar na UTI de um hospital. Ficou três meses entre a vida e a morte, em coma. Várias vezes seu coração parou de bater e os médicos reanimaram com massagem cardíaca. Depois de seis meses, recebeu alta do hospital. Quando se recuperou, voltou a soltar gracinhas para as mulheres. Até que um dia levou um tiro no coração. Desta vez, aprendeu a respeitar as mulheres.

Mário Doido também ia à sapataria de meu pai. Falava besteira e os outros riam. Quando ele não estava, vinha a Teca, irmã dele. Ela ficava xumbregando com o prestamista Euclides, que era cínico e não respeitava ninguém. Tinha sido traído pela esposa.

Eu via tudo o que era safadeza na sapataria. Teca pegava nas partes íntimas dele. Todos davam risada.

Meu pai era um homem negro, de cabelo enrolado, alto, forte e muito bravo. Pensava em ganhar terra para plantar. A sua esperança era o Governador Miguel Arrais. Mas veio a Ditadura.

Quando meu pai me batia, eu sempre gritava "comunista". Era a única forma que descobri para ele não me bater mais. Não sabia por que, mas meu pai tremia sempre que eu gritava esta palavra. Ele falava: "Cala-te, menino! Tu que vê eu preso?". Nesse momento, mudava de tom e sumia para a sapataria.

Eu temia fazer uma denúncia porque, apesar de tudo, era meu papai e podia desaparecer para sempre. Naquela época, de maneira nenhuma, queria ficar sem meu papai. Ele era assim, mas era o meu papai.

Outro tipo de travessura que eu aprontava e meus pais não me batiam era atrapalhar o namoro dos dois. Eu ficava acordado a noite inteira no meu quarto. Meus pais sempre vinham conferir se eu e meus irmãos estávamos dormindo. Eu fingia que estava dormindo. Até roncava. Como os quartos da minha casa não tinham porta, espera meus pais terem o momento de privacidade e ficava ouvindo os gemidos dos dois. Saia engatinhando da minha cama e, sem que ninguém percebesse, acendia a luz do quarto dos meus pais, que ficavam com muita vergonha, escondendo a nudez.

Qual a experiência que quero passar para o leitor com estas histórias?

Para ser um casamento feliz, é preciso que o filho não seja impedimento do casal na vida sexual. O quarto do casal deve ter privacidade total.

Nunca durma com o filho na mesma cama ou no mesmo quarto. Todos têm que ter seus quartos com portas fechadas para manter a privacidade. O local de encontro da família deve ser sempre na mesa, durante as refeições, ou na sala, para instruir e ensinar os filhos.

Era assim que eu vencia meu pai. Desde criança, armei estratégias para me livrar da palmatória e da correia de sola batida.

Quase toda noite, depois de trabalhar, meu pai saía para se divertir. Sempre passava no catimbó da preta velha Firmina, cabocla de orixá com muita garra, parteira e benzedeira. Ele passava as noites nas cantigas e nas danças dos terreiros.

Quando meu tio Bernardino comprou uma televisão em preto e branco, meu pai saia aos domingos, tomava dois ônibus e atravessava de bote a maré só para assistir à televisão na Iputinga. A felicidade era tão grande que voltava dizendo a todos que, quando ficasse velho, a sua companheira seria a televisão.

Ele também saia na escola de samba Império do Asfalto, na ala da diretoria. Não tinha vício, mas tomava um copo de aguardente na hora do almoço. Dizia que era para abrir o apetite. O que sobrava no copo derramava no canto da parede e dizia que era para o santo. Meu pai era um homem honesto e trabalhador. Não devia nada a ninguém. Ajudava a todos.

Vadú era o irmão mais novo do meu pai. Preto da cor de carvão. A sua pele brilhava como espelho. Seus dentes eram alvos como a neve. Tinha um sorriso alegre e encantador. Mas era vagabundo. O malandro da família. Por que vagabundo? Não roubava e não fumava baseado, mas era vagabundo porque cantava e tocava pandeiro nas emissoras de rádio e de televisão. Fazia serenata para seu grande amor Valdirene. Bebia para esquecê-la. Tocava pandeiro de forma inusitada. Todos queriam ouvi-lo. Recebia aplausos. Girava o pandeiro com os dedos, jogava na cabeça, nas costas e continuava cantando e dançando. Tocava pandeiro até com os pés.

O trabalho dele era com o pandeiro. Saía de manhã e voltava de madrugada. Era o vagabundo da família. E ainda bebia. Lembro-me do dia em que encontraram Vadú, o boêmio, morto. Chamaram um médico amigo da família para dar o atestado de óbito. Uns falavam que Vadú tinha morrido por causa da pinga; outros, de cirrose. Mas Vadú não tinha cirrose. Ele não era inchado. Morreu botando espuma pela boca. Só me lembro deste comentário da minha mãe: "Quem morre de pinga não bota espuma pela boca". Até hoje ninguém sabe do que Vadú morreu. Eu também não sei.

Resiliência à prova

Quem seria o Vadú hoje na família e na sociedade? Seria o destaque da família e ídolo da nossa geração, o carro forte na estrutura financeira. Como mudam os valores na sociedade? De malandro vagabundo para o rei da música. Este era meu querido tio Vadú, que hoje vive na eternidade.

Quando me sentia fraco e doente, meu pai tinha a sua receita. Levava-me no catimbó, para as benzedeiras e as bruxas fazerem garrafada. Eu era obrigado a beber a garrafada, mais amarga que fel.

As minhas brincadeiras de criança eram jogar futebol com bola de meia, soltar papagaio, jogar bola de gude, triângulo ou bicho-papão, roubar bandeira, brincar de cantiga de roda no quintal. Eu fazia o meu brinquedo. Carro de rabo de peixe feito com lata de óleo, perna de pau, pandeiro com lata de doce, roda de bicicleta e roda de pneu para girar com um pedaço de pau. Eu e meus irmãos brincávamos de ônibus com cordão, burra e telefone sem fio.

As brincadeiras eram criativas e não compradas como atualmente (videogame, telefone celular, tablet, TV em cores, computadores, jogos eletrônicos). Além da comida em abundância. Hoje se uma mãe dá uma palmada no filho, pode perdê-lo para o conselho tutelar. Com tanta proteção e sem normas, estamos perdendo a guerra contra as drogas, a violência e a delinquência infanto-juvenil. Quem está errando: a sociedade ou a família omitindo-se da dura realidade? As escolas foram sucateadas. Viraram depósito de crianças. Falta tudo na escola: professor, orientador e pessoal da limpeza. A educação está doente.

Além do problema da educação, existe também o da saúde, o da falta de moradia e de saneamento básico. Não podemos contar com a segurança pública. As crianças estão abandonadas dentro e fora de casa.

Lembro-me do dia em que precisava ir ao banheiro, mas minha professora não deixou. Fiz xixi dentro da sala de aula. A professora fez uma convocação para os meus pais comparecerem na escola. Eu sempre apanhava porque fazia xixi na rede quando dormia. Naquele dia apanhei porque fiz xixi na sala de aula.

Mas a surra não adiantou. Meu pai fez uma simpatia obrigando-me a pedir esmola para São Vicente, que também urinava na cama.

Eu sempre apanhava do meu pai. Ele tinha duas mulheres: a velha Josefa e a minha mãe. Quando eu ia trabalhar na sapataria e chegava a minha casa, minha mãe sempre me perguntava se eu tinha visto "aquela quenga velha safada". Eu respondia que tinha visto. Ela alisava a minha cabeça. À noite, meu pai e minha mãe brigavam. No outro dia, quando eu levava a marmita dele, meu pai me batia porque eu tinha falado a verdade para minha mãe. Ele dizia que um homem tem que ouvir, ver e se calar. E me dava pontapés, socos. Eu não tinha escapatória. Então, quando minha mãe perguntava sobre Josefa, eu ficava quieto para não apanhar. O problema é que as outras pessoas contavam a verdade para minha mãe e aí eu apanhava dela, por mentir.

Após me recuperar da cirurgia de apendicite, entrei para o grupo escoteiro Santo Antônio, do colégio Marista, em Apipucos. A formação do meu caráter foi graças à qualidade de ensino que tive com o método escotismo.

Naquela época, eu ajuntava areia para arrumar alguns trocados. Como eu trabalhava debaixo de chuva e a água que descia do córrego era contaminada, pela falta de saneamento básico, fiquei com anemia e ancilostomose.

No dia 17 de junho de 1966, fui atropelado quando ajuntava areia. Levado ao pronto-socorro do Recife, os médicos constataram fratura exposta na perna direita. Minha perna foi engessada.

Depois de três dias, como comecei a ter febre e a sentir dores pelo corpo inteiro, meus familiares resolveram me levar de novo para o pronto-socorro. Quando os médicos tiraram o gesso, perceberam que tinha dado gangrena. A única alternativa seria amputar a perna direita. Tinha apodrecido do joelho até a ponta do dedo. Os médicos descobriram que já estava avançado e me jogaram no isolamento.

Diante da minha situação, houve compaixão dos irmãos em Cristo em fazer campanha de oração a meu favor. Após 30 dias, eu me recuperei totalmente de todos os ferimentos. Os médicos colocaram gesso novamente e fiquei em casa mais 30 dias. Ao retornar ao hospital, os médicos ficaram espantados com a minha recuperação. Disseram que foi um milagre. Deus havia me curado.

Passados alguns anos, tive uma enfermidade que não permitia me alimentar nem andar e ficava com a língua para fora. Umas irmãs da fé fizeram uma campanha de oração no Córrego da Areia, na Assembleia de Deus. A irmã Jó profetizou que eu viveria. Naquele momento, levantei curado da cama.

Foi nessa época que montei uma oficina de conserto de calçados com um amigo chamado Augusto. Aos poucos, fui me aprimorando no ofício e Augusto também. Estava indo muito bem nosso negócio. Estávamos bem situados e pagando o INSS como autônomos. A freguesia aumentava. O dinheiro que sobrava eu guardava no caixote de madeira. Na época, quase não se falava em investimento financeiro. Muitas pessoas guardavam o dinheiro debaixo dos colchões.

Resiliência à prova

Prêmio milionário era um incentivo fiscal do governo de Pernambuco, Alcides Sampaio. Funcionava como um incentivo fiscal. Juntavam-se os bônus doados pelos comerciantes mediante compras e preenchiam-se as planilhas. Quando completava certo valor, trocava por cartela, que vinha com um número para concorrer, uma vez por mês, a prêmios milionários. Na minha casa, só eu juntava e colava todos os bônus.

Meu tio Aurelino, irmão da minha mãe, era pedreiro. Apesar da idade avançada, fumava igual caipora. Sofria com um tubérculo. Era corcunda, relaxado e escarrava no chão. Quando recebia seu dinheiro, deixava-o na casa da rapariga Onorina. Voltava para a casa da vovó Izabel sem um tostão no bolso. Mesmo assim ele me ajudava. Trazia o resultado e me ajudava a conferir as cartelas.

Uma noite estávamos eu, minha mãe e tio Aurelino na mesa da sala quando verifiquei que os números estavam premiados. Pedi para minha mãe não contar nada a meu pai. Mas ela não aguentou e contou. Meu pai pegou o bilhete e sacou o dinheiro no banco, quarenta milhões de cruzeiros.

Exaltado e se considerando rico, meu pai resolveu comemorar com os amigos. Alugou dez táxis e duas cornetas com amplificador. Música, dança e muita comida. Só no Mercado Municipal São José, ele comprou quarenta quilos do peixe albacora. A comemoração durou três dias, na Várzea, Cordeiro e Iputinga. Ele só parou a festa depois que o dinheiro acabou. Voltou a trabalhar na velha sapataria do Mandacaru e eu fiquei sem nada.

Por volta de 1970, lembro-me de que nosso pedreiro Duda vivia de biscate, cavando barreira e fazendo cacimba. Era serviço pesado. Apesar de beber vez ou outra, era responsável. Vinha de uma família pobre, mas tinha caráter. Certo dia pediu emprestada a bicicleta que eu usava para levar a comida do meu pai. Era dia de carnaval. Ele vinha descendo pedalando a ladeira do Brejo, próximo ao Córrego da Areia, em Nova Descoberta. Como a bicicleta não tinha freio, não conseguiu segurar e acabou atropelando uma criança, que entrou na frente da bicicleta. Infelizmente, a criança faleceu com o impacto. Ele foi preso e a bicicleta apreendida pela polícia. Fiquei fazendo o trajeto do Córrego da Areia até Sítio Grande a pé.

Todo domingo, eu visitava o Duda na prisão. Ele chorava muito. Dava até dó. Era honesto e um excelente rapaz. Infelizmente, a tragédia mudou a trajetória de vida dele.

Creio que foi uma fatalidade. Mas superar as adversidades da vida não é fácil. Precisamos estar atentos em relação à segurança. Se não tem freio, procure arrumar, para que momentos de lazer e diversão nunca se transformem em tragédia fatal como a do Duda. Devemos fiscalizar qualquer tipo de equipamento, desde uma escada mal colocada na sua casa ou pequenos reparos no seu automóvel, pois pode fazer a diferença.

Certa noite, na igreja do Córrego da Areia, um moço forte, aparentando noventa quilos, de cor parda, durante a celebração do culto, cantou, pregou e profetizou: "Filhinho, filhinho! Povo meu, escute". Assim que terminou o culto, ele se aproximou e conversou comigo e com outros jovens da igreja. Por volta das vinte e duas horas, ele disse que morava na Água Fria e que seus pais não permitiam que chegasse a sua residência altas horas da noite. Eu concordei em levá-lo até sua casa, para que não fosse sozinho.

Na verdade, era uma emboscada. Ao chegar à casa do rapaz, fui arrastado para dentro de um quarto e trancado. Apesar de ser um jovem franzino, eu tinha recebido treinamento do cabo do exército Lamartine, chefe da tropa sênior. Ele dava treinamento de corrida, luta de esgrima e outras lutas de defesa pessoal.

Com o treinamento que tinha, comecei uma luta corporal com o rapaz. Quando ele tentava uma gravata para me imobilizar, eu me defendia com chutes, pontapés e murros até conseguir sair da mão do agressor. Como estávamos cansados de lutar, eu e o agressor, aproveitando um momento de distração dele, consegui fugir da casa.

Assustado, contei aos meus amigos o que tinha acontecido. Levei o cartão de membro, com foto. O ministério da igreja fez-me perguntas indecentes sobre o ocorrido. Fiquei muito envergonhado na época.

Hoje posso dizer que sou feliz. Mas, na época, era muito difícil aguentar tanta pressão psicológica. Eu não tinha dinheiro para nada. Tudo que ganhava era para pagar o INSS, comprar material para renovar o estoque da sapataria que montei e pagar Augusto, que se tornou meu funcionário.

Sem perspectiva de uma vida melhor, resolvi sair de casa e fui para o Rio de Janeiro. Vendi as máquinas, dispensei meu funcionário e sai com o pouco dinheiro que tinha. Cheguei à capital carioca sem ter lugar para dormir e sem saber como ia sobreviver.

Para me prejudicar, João alegou que eu tinha assaltado a casa dele e abriu um processo contra mim. Na verdade, não tinha feito isso. As máquinas eram minhas. No dia da audiência, a minha mãe foi chamada junto ao senhor Zacarias, que comprou a máquina 29k 71 e a lixadeira sete instrumento. A polícia não conseguiu me encontrar. Só assim consegui escapar da prisão em plena ditadura militar.

———•◆•———

Em Recife conheci Izabel, uma jovem tímida, que tinha hemorragia e sangrava por trinta dias. Ela tinha vergonha de ir ao médico. Era uma pessoa admirável. Trabalhadora. Não gostava de gastar dinheiro. Ao contrário, reunia as irmãs para mandar um trocado para sua mãe, que morava no Recife.

Infelizmente, por não cuidar da hemorragia, acabou morrendo.

Durante o tempo em que estivemos juntos, mal consegui segurar em sua mão e nunca deixava ser beijada. Descobri depois que tinha grande amor por mim, que desejava se casar e ter filhos.

Depois da morte de Izabel, comecei a trabalhar na construção civil, carregando concreto. Sempre lembrava a parábola do filho pródigo. Mas não podia voltar para a casa dos meus pais. Aluguei um cômodo na Rua Nilo Peçanha, em Duque de Caxias. Porém, no dia seguinte, desocupei a casa porque descobri que a proprietária tinha dado a sua alma ao Diabo.

Resolvi, então, procurar meu irmão mais velho, Clovis, que era fuzileiro naval. Fui para a Ilha das Cobras, quartel dos fuzileiros navais, mas não encontrei. No quartel da Marinha de Guerra, também não o achei. Mas, no centro médico naval, conheci um amigo dele, Farias, o qual me levou até a casa de meu irmão.

Como eu não tinha diploma do primário, tive que continuar trabalhando em obras. Mas fui estudar à noite e consegui o diploma, que me levou para uma empresa na Ilha do Governador, a Tekno Calha, onde aprendi a solda elétrica. Comecei a viajar por vários estados do Brasil pela empresa. No Amazonas, participei da construção do Seasa Morei.

Seis meses depois, voltei ao Rio de Janeiro e fui trabalhar na construção da estrutura metálica em Bangu. Nessa época, Augusto me procurou e foi trabalhar comigo. Enfrentava uma altura de 12 metros, numa viga de 15 centímetros de largura.

Um dia, na hora do almoço, dois moços que trabalhavam na empresa debocharam dizendo que tomariam o nosso lugar. Então, subiram na viga. De repente, começou um redemoinho de vento e eles caíram. Os dois ficaram paralíticos.

———•◆•———

Quando estava tirando a carteira de habilitação, como errava muito o treino na ladeira, o instrutor pediu que eu deixasse o volante e entregasse para o outro aluno. Passei para o banco traseiro e o outro aprendiz assumiu o volante. Mas, na aula de ladeira, faltou freio, o carro desceu de marcha à ré e passou por um cruzamento do centro da cidade bastante movimentado. O carro bateu no muro de uma residência. Eu não me machuquei, porém o outro rapaz se feriu. Se não fosse a mão do Senhor, tinha me destruído.

Pelo trabalho, fiz uma viagem para a Bahia e tive a oportunidade de retornar a minha terra natal, Recife. Reencontrei meus familiares, inclusive meu pai, que me recebeu chorando, arrependido de tudo que tinha feito na minha vida.

Quando voltei ao Rio de Janeiro, encontrei uma jovem bonita, de olhos verdes, cabelos longos, encantadora, pele clara, por nome de Marluce. Ao terminar seu cântico na igreja do Parque São Roque, do pastor Romildo, apressei meus passos e a cumprimentei. Foi difícil tirar um sorriso dela.

Pedi a moça em namoro, mas não a beijava nem pegava em suas mãos. Em 1975, os valores eram outros; a educação era outra. Vivíamos o período militar. Como ela morava no interior do Rio de Janeiro, só a encontrei três vezes durante o namoro. A comunicação era por cartas, com poemas de amor.

Mas não me conformava namorar sem ter o privilégio de conhecer os pais dela. Em uma visita de Marluce à igreja do Parque São Roque, lancei a proposta. Ela falou que me amava, por isso não poderia ir até a casa dela. Como insisti muito, chegou uma hora em que falou que, se eu quisesse ir mesmo, era por minha conta.

Aproveitei uma festa de inauguração e decidi viajar para a casa dos pais dela. Peguei o trem em Duque de Caxias, com sentido a Campos, Estado do Rio de Janeiro. A viagem durou quatro horas. Depois entrei em um ônibus até um povoado estreito. Andei até onde aconteceria a inauguração.

O irmão dela foi o primeiro a dar a notícia que um preto estava chegando à propriedade e foi ao encontro do pai para não aceitar o namoro da irmã. A própria família contou que depois ele mudou de opinião. Hoje se sente arrependido pela sua atitude de quarenta e três anos atrás.

Miguel, pastor da igreja do Estrito e tio da Marluce, chamou a sobrinha para conversar a meu respeito. Ele disse à sobrinha que ela seria a vergonha da família, porque teria filhos negros.

Quando entrei no quintal da casa, aproximadamente doze homens me cercaram. Tive que permanecer calado. Por volta das 23h, apareceu o pai dela com um reio na mão, montado no cavalo. Ele deu umas dez voltas na casa, estalando o reio. Depois veio a sua mãe e me deu alguns jornais, dizendo que tudo que estava acontecendo ali era por minha causa. A família de Marluce não casava com preto pobre. Para casar, precisava ter no mínimo duas propriedades. Pediu que eu pegasse os jornais, forrasse o chão e, quando amanhecesse, pegasse o primeiro ônibus, sumisse da propriedade e nunca mais aparecesse.

Por volta das duas horas da manhã, apareceu Marluce pronta para fugir comigo. Eu, trêmulo, pelo pavor e pela escuridão que me rodeava, pedi a ela que sumisse porque queira sair vivo daquele lugar. Ela voltou para o quarto. Nunca mais nos vimos.

Os anos passaram. Em um dia de carnaval, em 2014, o telefone tocou. Ao atender, ouvi uma voz perguntando se eu era filho da Carlinda. Respondi que sim. Ela perguntou se eu me lembrava da grande covardia que me fez. Como a minha consciência estava tranquila, falei que não devia nada. A voz me chamou de covarde e desligou o telefone. Depois de alguns minutos, o telefone tocou outra vez. A voz se identificou como a Marluce, do Rio de Janeiro. Só então percebi quem era.

Ela me procurou pelo Facebook. Queria ser minha amiga. Como não acesso muito este recurso, acabei só vendo alguns dias depois. Ela contou que ficou me esperando por cinco anos. Soube que eu tinha me casado, mas não perdeu a esperança. Na verdade, ela tem me procurado há quarenta e três anos. Nunca deixou de me amar.

Quando contei a minha versão da história, ela chorou pedindo perdão pela atitude de seus pais, que já haviam morrido. Na época, eles praticaram racismo e preconceito. Eu não quero que isso fique registrado com tristeza, mas com ternura e amor. Hoje conversamos como amigos, embora distantes. Dedico, na minha história, muitos versos de amor.

> Há 43 anos, o amor estava em mim e em ti.
> O punhal do preconceito nos feriu.
> Como os grãos da areia, eu a amei.
> Sonhei com você em meus braços.
> Deixei o preconceito cravado em mim.
> Tornei-me assim.
> Um porto sem navios.
> Um coração em fuga.
> Amei a ti como um sopro do vento.
> Por que a vida nos fez assim?
> Amados eternos em corações afins.
> Há 43 anos, nos confins.
> Amei a ti como a mim.
> Salvei o nosso amor assim.
> Na eternidade dos corações enfim!

A história de amor ainda não acabou

Há 43 anos, um jovem casal, em Estreito, Rio de Janeiro, viveu um romance. Não houve suposto suicídio ou intriga familiar. Esse romance seria enredo de uma obra cinematográfica ou de uma telenovela. Um romance falado pelo mal existente até hoje. O preconceito, um mal que ceifa amores, o destino das pessoas e de seus corações. Um mal que ilumina as pessoas e suas intenções.

Marluce escreveu esse poema.

Audazes de alguém

Oh! Como sangra meu coração!
Saudade de alguém
que longe se encontra,
em algum ponto terrestre.
Saudade de alguém,
de seu rosto meigo,
do seu ser estranho,
de seus lábios ardentes.
Oh! Como dói a distância que nos separou!
Onde estarão seus olhos?
Que não os vejo e não me olham?
Saudade de alguém.
Assim que quero sempre lembrar.

Tudo começou assim...

Uma jovem bonita, de olhos verdes, cabelos claros lisos e longos. Dona de uma voz melodiosa, que encantava a todos que a ouviam cantar. Ao primeiro olhar e num inocente toque de mãos, ele ficou extasiado. Naquele momento sentiu que fora acometido por um sentimento inexplicável. Nunca tinha sentido. Foi amor à primeira vista.

Uma história curta, porém vivenciada com intensidade. Foi uma história linda! Nem de longe pode ser comparada a histórias de amor fictícias mostradas através das telas de cinema ou da televisão.

Ao ser convidada para relatar sua história de vida através das páginas de um livro, ela confessou que teve receio de se expor publicamente. A história dela com Carlos durou apenas seis meses, mas ficou adormecida no passado há quarenta e dois anos.

Ele, ao tomar ciência da sua participação no livro, sentiu-se lisonjeado. Afinal, ser lembrado como peça fundamental da história, depois de tantos anos, é um ato de coragem e de amor.

A história de amor teve início no dia 03 de junho do ano de 1975, num bairro de uma cidade do Rio de Janeiro. O cenário era o pátio de um templo evangélico, onde estava sendo realizado o terceiro congresso de jovens. Ela, nascida numa cidade do interior do Rio de Janeiro, estava a passeio na capital, para visitar alguns familiares. Uma jovem de dezesseis anos quer se divertir e fazer novas amizades. Só não imaginava que, naquela festividade, o destino estava preparando uma surpresa inimaginável. Surpresa esta que, depois de quarenta anos, ainda a faz ficar emocionada.

No hall de entrada, ela conversava com a amiga recepcionista quando se aproximou um rapaz franzino, de aparência humilde, mas que irradiava alegria, vivacidade e um olhar expressivo. Ele esboçou um sorriso suave, o qual ela guarda até hoje gravado na sua memória.

Foram apresentados um ao outro pela amiga. Ao cumprimentá-lo, ela sentiu que alguma coisa diferente estava acontecendo. Ao lançar-lhe um olhar, viu que os olhos dele cintilavam. Ela ficou presa no olhar penetrante daquele rapaz por alguns segundos. Quando conseguiu se desvencilhar daquele olhar, percebeu que se confirmava o que havia sentido ao cumprimentá-lo. Seria amor? Não sabia. Era uma mistura de alegria, palpitação e inquietação.

Eles assistiram ao culto. Trocaram olhares. Ela sentia que o coração palpitava numa mistura de prazer, dúvida e ansiedade. Prazer que ardia o peito e a fazia sentir algo diferente, nunca antes experimentado. A ansiedade a torturava. Queria sair logo daquele local para ver o desenrolar dos acontecimentos.

Após o término da reunião, ela se dirigiu ao portão de saída, em companhia dos seus familiares. Porém, atrasou o passo, porque queria que ele a seguisse. Caminhou lentamente e começou a cantar para alcançar de vez o coração daquele rapaz. Sentia necessidade de confirmar se o sentimento desabrochado nela também fora despertado nele. Continuou caminhando e cantando a música "Eu chegarei lá". Era isso que ela almejava naquele momento: alcançar o coração daquele jovem encantador.

Então, percebeu que ele caminhava apressado seguindo os passos dela. Por um momento, foi invadida por uma onda de felicidade. As pernas ficaram trêmulas. Ao sentir que ele se aproximava, titubeou nas palavras. A voz, embargada na garganta, impedia que balbuciasse qualquer palavra. Mas, ao ouvir um elogio pela sua voz ao cantar, travaram uma conversa, que trouxe uma declaração de amor.

Ela ouviu o pedido de namoro. A resposta foi uma afirmativa. Percebeu que os sentimentos dos dois se misturavam e os caminhos se cruzavam. Foram feitos um para o outro. A partir daquele momento, vivenciaram uma história de amor.

Ela diz que, ainda hoje, ao descrever fatos marcantes da sua história, emociona-se e se transporta para aquele dia três de junho, marco inicial de toda a história que viveu.

O casal ainda se encontrou por dois dias. Porém, ela teve que retornar para o convívio dos familiares, na pacata fazenda situada na zona rural de um lugarejo denominado Estreito. A viagem durou toda a noite; a tristeza também por ter deixado o amor da sua vida. As lágrimas foram a companhia dela durante todo o percurso. Não conseguia se imaginar longe de Carlos, o homem que deixaria marcas profundas em sua vida pela eternidade.

Depois da longa viagem e de um descanso merecido, pegou caneta, papel e escreveu para seu amor. Naquela época, não havia computador ou telefone. O único meio de comunicação era a correspondência por meio dos correios e telégrafos. E, por seis meses, trocaram correspondência. Foram seis meses tão intensos que perduraram por quase quarenta e dois anos.

Ela escreveu a primeira carta para o seu amor. E outras e outras. Da mesma forma, acontecia com ele. Às vezes, ele ganhava na quantidade de cartas e de páginas contidas em cada carta. Ele escrevia uma carta por dia, mas ela ia ao correio buscá-las somente uma vez por semana devido à distância. Naquela época, o carteiro não entregava a correspondência em casa.

Nas cartas, as palavras dele pareciam mágicas. Ela se sentia a pessoa mais feliz do mundo ao lê-las. Ficava encantada com tanta sabedoria. Era a sua primeira história de amor. E era linda!

A magia perdurou por seis meses. Tempo em que os mais belos sonhos foram sonhados. Eles faziam planos. Eram felizes.

Durante aqueles seis meses, eles se viram apenas duas vezes. Conheceram-se em junho e só tornaram a se ver no mês de setembro. Ela voltou para a capital carioca com a mãe para rever seus irmãos. É claro que ela tinha um motivo especial para voltar ao Rio de Janeiro: reencontrar seu amor.

Eles se viram pouco naqueles dias em que ela ficou na cidade. Mas valeu a pena. No embarque, ao retornar para sua casa, ele foi vê-la na estação ferroviária de Duque de Caxias. Falou que ia à casa dela para conversar com os pais e pedir permissão para namorarem. Tinha planos de ficarem noivos. Ela ficou atônita com aquela revelação. Não imaginava que seria daquela forma. Não podia levá-lo junto a sua mãe, muito menos a sua casa.

No entanto, ele convenceu a mãe dela que viajaria para pedir a permissão para oficializar o namoro dos dois. Então, os três seguiram viagem. Ela com ele no mesmo banco, conversando. A timidez impedia o beijo que tanto sonhara. Desejava sentir o calor dos lábios dele.

Ao desembarcarem na estação ferroviária de Campos dos Goytacazes, ela tentou o convencer a desistir de conversar com pai dela. Precisava prepará-lo. Ele tinha uma cultura diferenciada. Teve uma criação muito dura. Perdeu a mãe aos dez anos de idade e passou a trabalhar em uma fazenda, num regime de coronelismo. Aprendeu que o chefe de uma família tinha que ser respeitado e nunca questionado. Além disso, mantinha a tradição da submissão, do racismo e do preconceito. O pai dela nunca aceitaria que uma pessoa negra fizesse parte da sua família.

    Ele queria oficializar o namoro. Ela ficou feliz com a atitude dele. Afinal, mostrou que a amava e queria compromisso sério. Mas ela sabia que o pai poderia romper o relacionamento dos dois e ainda o humilharia muito.

    Mal sabiam eles que aquela noite mudaria completamente a vida dos dois.

    Rever seu amado era seu maior desejo. Ele era o homem da vida dela, o seu companheiro, o seu amigo, o sol da sua vida, o seu porto seguro, o esposo amado. Todavia, o projeto construído pelos dois dissipou-se diante do inesperado.

    No dia quinze de novembro, pela manhã, ela o viu chegar, como havia combinado. Ao vê-lo passar pela porteira e caminhar em direção à casa, ela ficou trêmula, sentiu o chão fugir debaixo dos seus pés, as mãos começaram a suar frio. Ela não sabia que atitude tomar. Estava feliz, mas preocupada.

    Apesar de desejar correr até ele, jogar-se em seus braços e beijá-lo ardorosamente, ela não conseguia sair do lugar em que estava. Num impulso, porém, os pés se desprenderam do chão e, timidamente, foi ao encontro dele.

    Cumprimentaram-se com um leve aperto de mão e caminharam em direção à casa. Ela o apresentou às irmãs. A mãe já o conhecia. Ele ficou conversando com a mãe, enquanto ela preparava um café para oferecê-lo.

    O pai dela não estava em casa. Ainda não havia chegado de outra propriedade.

    Naquela época, só podia namorar na sala. Permaneceram ali até o pai dela chegar. Ela estava nervosa. Temia pela atitude do pai diante do pedido que o namorado faria. Os irmãos já haviam avisado o pai que o namorado da Marluce era negro e estava na sala para pedir a mão da filha em namoro.

    Quando o pai entrou na sala, nem sequer olhou para a filha e o namorado. Dirigiu-se ao quarto. Então, o rapaz se levantou, chamou-o pelo nome e falou que queria falar com ele. O pai não deu a menor importância. Entrou no quarto e fechou a porta.

    Naquele momento, foi carimbado o passaporte para a infelicidade do casal.

    O rapaz não comentou nada. Mas ela estava envergonhada com a atitude do pai e preocupada, pois previa que tudo que havia sonhado teria um ponto final naquele dia.

    Como o pai não saía do quarto, os casal resolveu ir à igreja. Caminharam quase dois quilômetros. O lugar estava lotado. Não tinha espaço para mais ninguém. Mesmo assim os dois entraram. Ela liderava o grupo musical de jovens. Ele preferiu ficar no pátio, próximo à janela. Enquanto entoava o louvor, ela observava o grande amor a olhando através da janela. Pela ternura no olhar dele, sabia que estava encantado com a voz dela.

    Ao finalizar a celebração, os dois regressaram para a casa dos pais dela. Em nenhum momento, o rapaz demonstrou estar chateado. Porém, quando acordou, no dia seguinte, ele não estava mais lá. Tinha ido embora, sem ao menos se despedir dela. Não conseguia compreender aquela atitude dele.

Aquele foi o último dia de alegria de sua vida. Durante quarenta e dois anos, só viu sofrimento pela dor que sentia. Ainda hoje, ela se emociona ao relembrar o passado pela amargura que passou. As lágrimas tomaram conta da sua vida e a dor mudou seu destino para sempre.

Reviver uma história de amor é dolorido demais. Perdeu seu grande amor sem saber o motivo. Por mais que tentasse buscar uma explicação, não conseguia encontrá-la.

Esperou as cartas que ele sempre enviava, na esperança de que explicasse o motivo da sua saída sem ao menos despedir-se dela. Mas as cartas não vieram. Esperou durante a semana, e nada. Começou a ficar preocupada e resolveu escrever para ele, na certeza de obter uma resposta. Passaram os dias e ele não respondeu.

Ali começou seu calvário.

Por dias, esperou ao menos um sinal. O silêncio consumia até sua alma. Não conseguia esquecê-lo. Não se interessava por rapaz nenhum. Esperou por ele durante cinco anos. Sonhava com ele quase todas as noites. A sua vida perdeu o sentido de ser. Chorou por noites e dias consecutivos durante anos. Fez da sua vida uma busca incessante para encontrá-lo. Precisava saber o que teria acontecido naquela noite para ele tomar aquela decisão.

Buscou encontrar uma resposta para aquela atitude dele. Todas as vezes que encontrava pessoas do Rio de Janeiro, que o conheciam, procurava saber notícias dele. Ninguém sabia nada. Passaram os meses e ela continuava naquele sofrimento.

Num determinado dia seu irmão, que morava no Duque de Caxias, mais precisamente no bairro dos Cavalheiros, falou que ele ia se casar. Ela quase não acreditou no que ouviu. Ele se casaria em poucos dias. Não podia ser verdade. Como ele, depois de dez meses que saíra da sua vida, poderia ter se relacionado com outra pessoa? Que espécie de amor era aquele que ele dizia sentir por ela?

Naquele momento, ela sentiu o céu desabando sobre sua cabeça. Uma mistura de amor e ódio fez com que ela chorasse. Não conseguia entender o que realmente sentia.

Apesar de sentir-se aos pedaços, não conseguia acreditar que ele não a amava mais. Alguma coisa a fazia sentir que algo terrível acontecera enquanto ele estivera em sua casa para agir daquela maneira.

Foram dias de amargura e decepção. O seu mundo estava despedaçado. Sentia-se a pior das criaturas, abandonada sem ao menos saber o motivo. Isso doía muito.

Como não vislumbrava mais nenhuma saída que pudesse trazer seu amor de volta, decidiu que, daquela data em diante, toda aquela bela história de amor que viveu, ficaria sepultada. Seria página virada na sua vida.

Porém, isso não aconteceu. Continuava sofrendo com toda aquela situação. Ainda buscava uma maneira de descobrir porque ele agira de forma cruel.

Como não conseguia notícias dele, resolveu pôr em prática um dos conselhos que ele mesmo lhe dera durante o período do namoro: estudar. Ela se dedicou naquela missão com esforço. Mantinha no coração a esperança de um dia encontrá-lo.

Ela concluiu o ensino fundamental no ano de 1979. Porém, tinha o desejo de realizar um sonho de infância: ser professora. Em 1994, no dia 17 de dezembro, apesar de todos os empecilhos, realizou seu sonho. Mesmo sem ele estar presente, ela dedicou ao amado a conquista.

Ela ainda perseguia o sonho de mais uma realização: uma formação acadêmica. Mas isso só se tornou realidade dez anos depois, em 2014.

Mesmo depois de trinta e oito anos, ela não conseguia apagar da sua vida o grande desejo de descobrir o motivo que levou o amado a deixá-la de forma tão arrasadora. No início do mês de março de 2014, feriado de carnaval, usando os meios tecnológicos, ela digitou o nome dele e surgiu uma imagem. De imediato, não o reconheceu. Estava diferente. Mas ela sabia que era ele.

Para confirmar a informação, enviou-lhe uma mensagem perguntando o nome da mãe dele e ainda uma tentativa de ligação pelo número que constava na tela. Mas foi malsucedida.

Por mensagem, algumas palavras apenas. Não ficou sabendo o motivo de tê-la abandonado.

No dia seguinte, ela ligou novamente, mas não foi atendida. Aguardou que ele retornasse a ligação. Esperou por mais alguns dias, e ele não ligou.

Depois daqueles dias de espera, ela sentia na alma a dor da rejeição novamente. Sabia muito bem o que estava sentindo, No passado, quando ele saiu da sua vida, a sensação foi a mesma.

Você não imagina o que significa para uma pessoa ser rejeitada.

E, no caso dela, rejeitada duas vezes. Sentia-se mortalmente ferida. Foi aí que tomou a decisão de não querer mais saber o motivo da separação. Daquele dia em diante, estava disposta a virar a página daquela história - antes tão linda - que se tornou um sofrimento em sua vida.

Tentar, ela tentou, de todas as formas possíveis, esquecer aquele amor. Mas, a cada tentativa, tornava-se inviável galgar êxito na decisão. Continuava amando-o e sofrendo cada vez mais. Embora não soubesse o que motivou o amado a tomar aquela decisão, não conjecturava na possibilidade de uma pessoa, no caso ele, dizer que a amava e de repente tomar uma atitude que condissesse com a de quem realmente ama. Isso foi que a fez sofrer tanto, e por tantos anos da sua vida.

Na realidade, ela perdeu sua vida em função desse sentimento, dessa busca desenfreada por uma resposta que estava diante de si. Não enxergou porque o sofrimento tirou a sua visão. Era óbvio! Não havia segurança no sentimento que ele dizia sentir por ela. Bastou um obstáculo e ele decidiu sair da vida dela sem dar explicação. Hoje percebe o quanto ele é imaturo.

Muitas vezes, pretende-se encontrar um culpado para tudo que aconteceu. Mas, a partir do momento que se depara com alguns obstáculos em determinadas situações da vida, se não houver embasamento sólido, tudo tende a ruir.

Ela percebe isso agora. O verdadeiro motivo que o levou a se afastar dela foi a falta de solidez no sentimento. Agora, ela consegue entender que o sofrimento dele, na infância e na adolescência, refletiu de forma negativa na sua formação. Ele se tornou uma pessoa insegura. E isso o impediu de prosseguir firme no propósito de firmar compromisso com ela e de enfrentar a família, que o ameaçava.

Quando ela estava decidida a encerrar de vez o capítulo daquela sofrida história, deparou-se com uma situação que mudaria sua vida. Afinal, estava diante da resposta que buscou por longos quarenta e dois anos.

Era noite quando viu o nome dele numa mensagem. Parecia sonho! O nome dele num ícone da rede social. Era uma mensagem dele com dados para entrar em contato.

No dia seguinte, ela entrou em contato. Uma mistura de dor, mágoa e tristeza, naquele momento, ao ouvir a voz dele do outro lado da linha. Era ele. Era real. Ela não conseguia explicar a felicidade que sentiu. Ah! Quanta saudade sentia dele, da sua voz, da sua risada, da sua mansidão em pronunciar as palavras.

Concluindo o relato...

Ela lutou diante de tudo que aconteceu na sua vida.

Em 03 de junho de 1975, ela conheceu o grande amor de sua vida. Há quarenta e dois anos se conheceram e começaram a namorar. A temperatura estava amena. A noite um pouco fria. Ela usava um vestido cor de cenoura, de mangas compridas, que caíam perfeitamente em seu frágil corpo de 49 quilos. Ele a elogiou com palavras encantadoras. Elogiou também o "carioquês" dela e o seu jeito de olhar. A história deles surgiu do primeiro olhar. Ficaram hipnotizados por alguns segundos. Depois, tiveram a certeza de que estavam completamente apaixonados.

Quando ela contou a ele o desejo de contar a história de amor dos dois, ficou acertado que relatariam num livro. Ele era homem de brio, cumpridor da palavra dada, honrado e digno em tudo que fazia. Por tudo isso, ela ficava cada vez mais apaixonada por ele.

Infelizmente, ele não cumpriu a palavra. Ao contrário, calou-se. Mais uma vez, ele saiu da vida dela. Ela não entendeu o motivo. Talvez nem se lembre mais dela. Talvez ele esteja sofrendo com tudo o que está acontecendo. Ela acredita que ele não a esqueceu. É um homem bom.

No dia três de junho, eles começaram uma linda história de amor e, na mesma data, quarenta e dois anos depois, terminaram a história com muita tristeza.

Sobre o motivo que o levou a sair da casa dela há tantos anos, ele é quem vai responder no seu relato. Afinal, o protagonista da história é ele. Agora, ela percebe.

Ela nunca acreditou que seus pais pudessem fazer o que ele relatou que fizeram. Sua mãe nunca foi capaz de fazer mal a qualquer pessoa sequer. O pai não gostava de negro, mas nunca seria capaz de machucar alguém. Cabe a ele, portanto, contar tudo que viveu.

Ela acredita que ele não incluirá o relato dela no livro que está escrevendo, porque não tem mais motivo para fazer isso. Agora, ele não faz mais parte da vida dela. Afinal, em que a história contribuiria na vida de alguém? Talvez possa ser que alguém tire como exemplo o fato de não acreditar em tudo que as pessoas falam; ou não se envolvam para não se apaixonar ou até mesmo amar uma pessoa. Ele não a amou como ela o amou.

Foram fatos reais vividos em Estreito, Município de Campos (RJ). Guardo lembranças que até hoje me marcam, como se meu coração sangrasse. Eu quero apenas marcar fatos de uma passagem, demonstrar sentimentos e como realmente foi esta passagem da minha vida.

Embora a pessoa relatada nesta história não queira sentir o que eu senti, na época dos fatos, queria realmente assumir, talvez por amor ou por amizade. Eu tinha uma promessa assumida em meu aprendizado como escoteiro. Ter somente uma palavra em minha vida. É isso que carrego dentro do meu coração.

Depois que ela me enviou seus relatos dos quarenta e dois anos de ausência, esperava que tudo se transformasse. Uma amizade antiga surgia para um entendimento. Quando me transcorreu os fatos de que, apesar de ser herdeira legítima, queria ajudar sua irmã, mas seu irmão não aceitou e ainda a expulsou com revólver, achei que ela reconheceria o que ele fez comigo.

A ameaça da sua família sobre meus netos pelas redes sociais fez com eu recuasse. Lutei muito para ser feliz. Por isso, cheguei à conclusão que este é o fim do que nunca começou.

Eu me entristeço porque ela parece ser diferente. Mas o que quero escrever é que, apesar do tempo passar, preconceito, racismo e intolerância estão enraizados em certas famílias. A nossa vida está construída no amor próprio e na família. Eu sinto muito, porém é o fim de um sentimento que não teve final feliz.

O tempo passou. Namorei Célia por seis meses e me casei no mês de setembro de 1976. Morei na casa de uma mulher portuguesa por nome de D. Amélia pagando aluguel.

Certo dia, em uma briga com o vizinho, D. Amélia levou uma cabeçada tão violenta que desmaiou e teve que ser socorrida ao hospital. Ela abriu um boletim de ocorrência na delegacia de polícia de Duque de Caxias. Eu e o jovem Augusto fomos testemunhas. Na delegacia, fui o primeiro a prestar depoimento. Tudo que o delegado me perguntava eu respondia. Firmei meu depoimento dizendo que o vizinho era bom e que D. Amélia era muita boa também. O delegado se aborreceu e me mandou sair da sala. Augusto contou tudo que realmente tinha acontecido e ficou como testemunha de acusação. Fiquei livre do processo como testemunha. O que ninguém sabia era que o vizinho fazia parte do esquadrão da morte e jurou se vingar de Augusto por tê-lo incriminado. Como éramos amigos, fugi com ele para São Paulo para escapar do esquadrão da morte de Duque de Caxias.

Em São Paulo, com o dinheiro que tínhamos, construímos um cômodo no fundo da casa do Zeca, no bairro do Fiorelo, município de Itaquaquecetuba. Mas, no primeiro mês, como não tínhamos dinheiro para pagar o aluguel, ele nos colocou na rua. Foi então que apareceram Maria Barreto e Maria Helena prontificando-se a arrumar um cômodo para morarmos na vila Bartira.

Nesta época, comecei a trabalhar na Acil, firma de autopeça, como soldador elétrico. Como queria comprar um terreno para construir uma casa, procurei me dedicar o máximo que podia na empresa. Tirei, por três anos seguidos, o prêmio de operário padrão, que eram 460 horas e mais 10% de aumento no salário. Por essa razão, fui convidado para participar da CIPA como representante do patrão. Depois me deram o cargo de líder de seção.

Osvaldo, que era o líder na época, não gostou. Então, acabou me machucando. Quando fui pegar um cilindro de oxigênio, ele soltou em cima da minha mão esquerda, provocando fraturas nos dedos. Depois, entrou um supervisor apelidado Peruquinha, que não gostava de trabalhar com pessoas negras e que professasse uma fé cristã. Mesmo diante das ameaças do supervisor e de outros supervisores, consegui o prêmio de operário padrão por 19 anos.

Muitas coisas aconteceram na minha vida. Tive que atravessar o rio Tamanduateí cheio e furei greve, escondido em um fusca, para chegar à empresa. Tive líder que roubava politrizes e lixadeiras que estavam no meu nome no almoxarifado. Uma equipe queria sabotar a empresa e me mandar embora. Mas entrou um líder por nome Adeildo, que contou toda a trama ao gerente. Os funcionários envolvidos foram demitidos. Um chefe chamado Mário Idaka, que chegou dizendo fazer o impossível na empresa, criticou meu trabalho e quase levou a empresa à falência. Eu, que fui criticado por ele, acabei assumindo o comando do setor de solda.

Como tinha muito barulho no setor de solda: batida de marreta, lixadeira, prensa, além dos gases e da fumaça, com pouca ventilação por não ter chaminé, parecia o inferno em chamas de tanta faísca que saía das lixadeiras, os funcionários escarravam escuro. Os efeitos na saúde e a pressão psicológica faziam com que a vida fosse muito perigosa.

A vida de chefe era corrida. Eu tinha que fazer tudo: acompanhar a programação da produção, distribuir as tarefas, controlar a qualidade da produção, fazer o pagamento, fazer cálculo da produtividade diária, empurrar caixas pesadas, participar da reunião com a diretoria, fazer teste de solda para novos empregados, cumprir o programa a qualquer custo, atender o crítico e o supercrítico, segurar a bucha da engenharia quando o defeito não era da produção, cumprir dura jornada de trabalho. Vivia mais dentro da fábrica do que da minha casa.

Havia desavença. Um queria produzir mais que o outro. A empresa pagava salários diferenciados mesmo se você estivesse na mesma profissão. Isso gerava disputa.

Três funcionários se destacavam na produtividade. Mas um trabalhava armado; outro roubava os lanches dos companheiros. Eu estava no fogo cruzado, com esperança de chegar o fim do ano e receber o prêmio de destaque.

Um dia o diretor da empresa me pediu para fazer 160 grades da GM. Falei que não dava para fazer. Ele continuou insistindo e me pressionou de uma forma que não suportei. Quando ele me falou pela quarta vez que eu tinha que fazer as 160 grades ou me mandava embora, não aguentei mais. No meio da seção, gritei palavras indecentes e chamei-o até de louco. Todos tinham medo desse diretor. Fui o primeiro a desafiá-lo na frente dos funcionários.

Só aguardava o meu aviso prévio.

Mas não foi isso que aconteceu. Os profissionais da empresa: ferramenteiros, engenheiros, inspetores de qualidade e outros profissionais vieram saber o que tinha acontecido. Eles disseram que fariam as grades e começaram a trabalhar. Eu cruzei meus braços. Depois de cinco horas de trabalho intenso, as grades saíram com defeito.

O diretor, no outro dia, se aproximou e me deu tapinhas nas costas. A partir daquele dia, nunca mais sofri pressão por parte da diretoria, que me deu autonomia no setor de solda.

Na empresa, vivi um grande desafio: participei do protótipo do banco do carro Gol. A montadora solicitou 4.500 bancos diários e a capacidade de produção da empresa era de, no máximo, 150 bancos diários. A empresa teve que modernizar para atender ao mercado automobilístico.

Só saí da empresa quando aposentei.

Tenho dois filhos: Cleber e Michele.

O primeiro, quando criança, entrou no movimento escoteiro. Lembro-me de que no dia sete de setembro, na cidade de Itaquaquecetuba, o Grupo Escoteiro estava pronto para desfilar e ele chamou um soldado do exército de gambé, que não o deixou desfilar.

Como ele estudava na escola José Bonifácio, coloquei-o numa escola de datilografia para não ficar muito tempo parado. Depois de trinta dias, recebi um comunicado avisando que meu filho não estava participando das aulas. Descobri que saía de casa e ia jogar fliperama com os amigos.

Assim que terminou o ensino básico, matriculei meu filho no SENAI, para aprender tapeçaria. Desse modo, poderia trabalhar na ACIL e ganharia dois salários mínimos só para estudar. Mas descobri que gastava o dinheiro e ainda tinha dívidas com os agiotas. Tomei as providências cabíveis.

Meu filho teve uma adolescência complicada. Gostava de desafiar o perigo. Viajava de patins segurando a rabeira de caminhões. Foi para Arujá, Mogi, Suzano e até Santos fazendo a aventura louca. Fiquei sabendo que até surfou em trens de alta velocidade.

Um dos fatos marcantes na sua adolescência foi quando ele passeava montado numa bicicleta pela Rua Simão Vieira Lindo e atropelou uma criança. Ainda bem que a criança caiu, mas não sofreu nenhuma lesão. O pai da criança, diante do acontecimento, deu socos no rosto do meu filho. O sangue descia pelo corpo dele. Pensei em tomar alguma medida contra o indivíduo, porém apenas socorri meu filho.

Uma vez, saindo da empresa, ele resolveu fazer xixi no final da plataforma dos trens. Os seguranças viram e deram voz de prisão. Os funcionários da empresa, que saíram do turno, invadiram a estação, quebraram as portas, os vidros e tiraram-no de lá.

No dia seguinte, fui procurado para pagar o prejuízo. Mas os funcionários ficaram sabendo e se prontificaram a me ajudar. Os seguranças da estação ficaram receosos e me dispensaram da dívida.

Uma vez meu filho, operando uma empilhadeira, foi ao estoque retirar uma caçamba cheia de peças de ferro. Porém, a caçamba desequilibrou e caiu sobre um programador de produção, o qual se feriu gravemente. Meu filho ficou desesperado. Chorava muito. Demorou para esquecer a tragédia.

Há alguns anos, no Jardim Romano, onde eu morava, teve uma invasão policial aos barracos construídos. Como a ação policial foi violenta, pedi a meu filho para filmar para vender a reportagem. Só que apareceu uma viatura por outra rua e o viu filmando. Os policiais invadiram a minha casa e levaram meu filho preso.

Enquanto ele seguia dentro da viatura, acompanhado da mãe – era menor na época -, fui providenciar o que precisava para liberá-lo da prisão. Mas não foi necessário entrar com medida judicial, os policiais o soltaram na Vila Mara, junto à mãe, e foram embora levando a gravação.

Hoje meu filho tem 38 anos, é casado, tem uma linda menina chamada Julieanny, trabalha com informática e está na universidade. É responsável com seus deveres e presta serviço voluntário à comunidade.

A minha filha Michele, quando era criança e passeava com a mãe no supermercado, carregou um pacote de balas. A mãe só percebeu em casa. Deu bronca na filha, mas ficou com vergonha de devolver a embalagem. Resolveu jogar no vaso sanitário para a filha não pegar novamente.

Aos 14 anos, levei-a comigo em uma construção que estava fazendo, para realizar a limpeza do local e ajudar a carregar areia. Foi o primeiro trabalho dela. Depois, montei uma lojinha de produtos de manicure. Só mais tarde, ela foi trabalhar numa indústria de confecção.

O primeiro namorado dela apareceu em casa de bermuda e chinelo Havaiana no pé. Era negro, magrela e usava brinquinhos nas orelhas. Os cabelos eram compridos e encaracolados. A princípio, fiquei assustado. Depois, perguntei se trabalhava. Ele disse que não tinha emprego. Então, perguntei se estudava. Ele também respondeu que não. Fez apenas o primeiro ano primário.

Assim que ele foi embora, chamei minha filha para me dar uma explicação. Ela simplesmente não respondeu nada, saiu em direção ao quarto e bateu a porta. Dei um pontapé na porta, entrei e peguei-a pelo pescoço dizendo que era minha filha e que nunca mais fizesse isso.

Minha filha se tornou uma jovem rebelde. Na companhia das amigas, pulava a janela, à noite, para ir à balada. Voltava para casa altas horas da noite e andava em má companhia. Usava roupa preta e bota de cano longo. Deu muito trabalho!

Eu não estava preparado para conviver com esse tipo de comportamento. Na minha época, a educação era diferente.

Com o tempo, ela começou a namorar um moço chamado Gilberto. Ficaram juntos por dois anos. Eu achava que iriam se casar, mas me enganei. Ele resolveu terminar o relacionamento. Ela caiu em depressão. Não queria tomar banho ou trabalhar. Sua vida desabou. Eu, desesperado, orava pedindo que minha filha melhorasse. Minha mulher, vendo o estado da nossa filha, ficou depressiva também. Eu tinha que lutar sozinho para ajudar as duas. A situação piorava a cada dia.

Com o tempo, minha filha começou a se recuperar e pediu que eu comprasse uma moto para ela. Achei estranho. Ela disse que queria ser a patricinha da vila. Resolvi comprar a moto. Afinal, ela estava saindo da depressão. Soube depois que ela estava namorando um rapaz chamado Leandro, que não gostava de trabalhar.

Graças a Deus, o namoro foi por pouco tempo. Minha filha e Gilberto voltaram a se relacionar. Minha mulher ficou preocupada. A filha tinha sofrido muito com o fim do primeiro namoro.

Depois de alguns meses, minha filha ficou grávida do noivo. Exigi que se casassem e foi o que aconteceu. Minha família ajudou e o matrimônio foi realizado. No final, como todos ajudaram, a festa foi maravilhosa. Teve carro com som e fogos de artifício estourando.

Hoje meu netinho Fabrício alegra a nossa casa. É muito brincalhão. O xodó de todos.

Posso dizer que agora a minha família está feliz. Nos momentos mais difíceis, tive a ajuda de familiares, amigos e vizinhos. Juntos vencemos a depressão da minha filha e da minha mulher.

Infelizmente, hoje os valores morais e éticos da sociedade estão comprometidos. Muitos jovens estão perdidos nesse mundo consumista. Por isso é importante prestar serviço na comunidade, participar de grupos de jovens e estudar. Este livro é para pais, professores, psicólogos e para a família que tem filho. Na vida, sempre há um novo caminho a prosseguir. Mesmo que às vezes o caminho seja estreito, no final, um novo caminho se abrirá no fim do túnel.

Texto de Michele, em agosto de 2006.

Ao melhor pai do mundo.
Quando eu era pequena, via-o como um herói. O mais forte. O tempo passou. Cresci. Muitos dos meus pensamentos mudaram, mas você não deixou de ser o meu grande papai herói.
Pai, cresci muito e também o vi crescer.
Uma frase resume o que penso sobre você: te admiro muito.
Posso dizer, com muito orgulho, que você é um exemplo a ser seguido. Obrigada por ser tão especial para mim e por ser esse pai com tantas qualidades.
Obrigada por me ensinar, por me amar, por se esforçar sempre para me fazer feliz e para que eu realize meus sonhos.
Peço a Deus que me ajude a alegrar seu coração. Prometo que só terá orgulho de mim. Amo muito você, pai!
Agradeço a Deus por ter me dado um pai de verdade. Não esses pais que dizem ser e, na verdade, não são.
Você é carinhoso, respeitador; às vezes bravo, muito bravo, mas o amor que sente, e o amor que sinto por você,

é maior do que qualquer sentimento ruim.
Pai, você completa a minha vida e pode até não saber. É incomparável! Há um lugar em meu coração que é só seu. Se um dia vier a faltar, pode ter certeza de que nele ficará um vazio que nunca ninguém irá preencher. O senhor estará sempre a meu lado.
Parabéns por ser essa pessoa tão especial! O senhor merece isso e muito mais. Um exemplo de homem: fé, perseverança, carinho, dedicação, amor fraternal. Uma imagem masculina cheia de luz que ilumina e resplandece minha vontade de viver. Seja aquele que mora no céu ou aquele que nos guia aqui da terra.
Nesses poucos versos que aqui escrevo, deixo todo meu amor e gratidão por ser quem é e por me fazer ser quem sou. Por sempre estar ao meu lado e sempre me mostrar caminhos alternativos.
Pai, você é a figura presente em meu coração que enche de orgulho o coração de uma filha. Levarei sempre em minhas lembranças o ser que me deu a vida e que me ensinou a vivê-la.
Sempre que preciso de um conselho, mesmo com esse jeito sério, consegue me mostrar que a vida vale a pena. Basta traçar nossos objetivos. Obrigada, meu pai, por ser meu presente e por espelhar meu futuro. Você é um exemplo a ser seguido: mostra o mais lindo amor que existe. Você mostra que a vida deve ser vivida com honestidade.
Obrigada, meu pai, por tudo que tenho e por tudo que sou. Devo a você minha vontade de viver.
Pai, quero agradecer por cada segundo de nossas vidas. Fomos abençoados por Deus. Não existem palavras para definir as qualidades que o senhor tem. Quero que saiba que o amo muito.

Ao longo dos anos, cultivei muitos amigos. Alguns deles quero homenagear neste livro. Para isso, não citarei nomes, para preservar as passagens deles por minha vida. Foram grandes amigos, que se foram tragicamente, sem ao menos perceber a ingenuidade de seus atos. Deus, em sua sabedoria, traçou os destinos deles.

Eu e meu primeiro melhor amigo participávamos da mesma fé. Era uma pessoa boníssima no caráter e, como ser humano, era defensor das regras sociais, da família e da fé. Em um ato de pura inocência, sem saber, comprou um motor de carro roubado. Por cometer crime de receptação, foi preso, torturado e teve sua vida ceifada.

Meu querido amigo foi aos braços do divino. Assim era a justiça naquela época.

Quando me recordo do meu segundo melhor amigo, meus olhos lacrimejam. A passagem dele por esta vida foi breve, graças a sua timidez e inocência.

Todo ser humano sonha com um grande amor e com a construção de uma família. Viver em sociedade e estar bem consigo mesmo.

Este meu amigo conheceu uma pessoa e se apaixonou. Aliás, foi a sua primeira e única paixão. Aquela que marca nossos destinos e deixa uma tatuagem no coração para sempre.

Ele acabou contaminado com o vírus da AIDS e morreu pouco tempo depois. Não sabia que sua amada era soro positivo.

Ele voltou à casa paterna, aos braços de Cristo.

Era para ser um simples passeio na casa de amigos, mas uma lagoa levou embora meu terceiro grande amigo.

Depois do lanche da tarde, ele sentiu vontade de nadar. Inocência ou destino? Nunca ninguém vai saber. O que sabemos é que as águas que o atraíram também o levaram para longe de nós.

Outro amigo que ficou na saudade acabou se acidentando entre as estações Engenheiro Manuel Feio e Engenheiro Goulart. Era volta do trabalho. O trem estava lotado. Ele resolveu viajar na porta do vagão. Um deslize fez com que caísse e ficasse paraplégico. Depois, veio a falecer.

Os fatos que escrevo são lembranças de preciosos amigos que marcaram a minha vida. Eram pessoas especiais que cumpriram suas missões e acabaram retornando ao colo do Senhor.

Como canta Milton Nascimento: "Amigo é coisa para se guardar/ debaixo de sete chaves/ dentro do coração".

Ao entrar no grupo escoteiro de Mogi das Cruzes e fazer a renovação da promessa escoteira, conheci o chefe Gaby, do grupo escoteiro de Poá e o Senhor Álvaro Augusto dos Santos, líder comunitário do Jardim Fiorelo, Itaquaquecetuba. Com o apoio desses dois líderes, que conheciam o comissário regional, fundamos o grupo escoteiro Nova Aliança.

Na época, menina não podia ser escoteira. Mas a procura era grande. Então, aceitei o desafio: agrupar meninas, mesmo sem registro.

A convite do Sr. Álvaro, presidente, Jairo e Lourival Lima, diretores do grupo, o grupo de escoteiros participaria de uma pescaria, envolvendo meninas e meninos. Eram 26 crianças ao todo.

Porém, o inesperado aconteceu. O barco em que estávamos virou e as crianças foram lançadas à água. O desespero foi grande. A primeira medida foi salvar as meninas, que tinham menos experiência como escoteiras. Graças a Deus, todos foram salvos do afogamento.

O grupo de escoteiros era atuante na comunidade do Jardim Romano. A primeira sede foi na minha casa; depois foi oficializada a sociedade MACETE, na casa do Sr. Lourival Lima.

Resiliência à prova

O nosso primeiro plano foi formar uma comissão para a construção da estação de trem do Jardim Romano. Mesmo com conflito e abaixo-assinado, a estação foi construída e atende à comunidade. Os perueiros da região, por sua vez, não ficaram nada contentes, pois perderiam passageiros.

O movimento foi importante para a história da estação Jardim Romano. Inclusive, participei de um encontro com religiosos, no Pico do Jaraguá, com a presença de pessoas renomadas. Lembro-me do padre de Mogi das Cruzes, da escritora do livro de São Francisco de Assis, do presidente da UEB e de um professor da USP.

Como eu não era palestrante, resolvi fazer um jogral com o grupo de crianças escoteiras, com o tema Maior que Deus não há. A repercussão do evento foi muito boa, graças ao jogral, que virou assunto da reportagem, alegando que a espiritualidade estava viva.

Ainda com o grupo de escoteiros, tive o privilégio de fazer um acampamento chamando OELO, na fazenda São Bento. Lembro-me também do episódio da cobra jararaca que foi encontrada dentro de uma das barracas. O animal foi resgatado vivo e levado para o Instituto Butantã.

Outra atividade realizada com o grupo foi uma escalada pela serra do mar Mogi-Bertioga. Vivenciamos uma trilha onde fizemos teste de sobrevivência, montando abrigo natural com pedaços de madeira e algumas folhagens, acendendo fogo sem usar fósforo. A técnica consiste em usar lã e pedaços de madeira. Com lascas bem finas para fazer a pirâmide e isolar o oxigênio, cria-se atrito entre a pedra e a madeira para acender o fogo. Agora, o mais interessante mesmo é encontrar o próprio alimento e a procura por água. A montagem da cozinha e a preparação da comida, sem usar panela, é instrutiva. Além de criar o próprio repelente com álcool, cravo e óleo.

Um dos momentos mais arriscados da nossa escalada na serra do Mar foi a aproximação de uma jaguatirica, espécie de onça pintada. O pavor tomou conta das crianças e o clima ficou muito tenso. Tivemos que tomar outro rumo, sem ser visto pelo animal.

Minha missão no grupo escoteiro era de contribuir para a educação dos jovens baseado em um sistema de valores, na promessa e lei escoteira, ajudando a construir um mundo melhor, onde se valorize a realização individual e a participação construtiva em sociedade, inclusive os encaminhando para o SENAI, com bolsa de estudo de dois salários mínimos. . Graças à parceria com algumas empresas.

O grupo escoteiro ainda distribuía à comunidade tíquetes de leite, cada família tinha direito à trinta unidades por mês. Porém, Sr. Lourival Lima indagou se eu estava fazendo parte da maracutaia do leite para arrecadar votos. Foi então que descobri que Álvaro não entregava os trinta tíquetes para as mães das crianças. Ficava com alguns e cobrava mil cruzeiros de cada família. Com esse dinheiro, fazia a sua campanha política. Os tíquetes eram distribuídos aos amigos para a barganha de votos. Fiz uma ata para o comissário distrital pedindo a exclusão dele do grupo escoteiro.

A exclusão do membro gerou alguns conflitos na comunidade. Fui obrigado a me afastar por um tempo pela acusação de ter cortado a entrega dos tíquetes do leite. Pela minha honestidade, paguei um preço caro: quase perdi a vida. Mas não fui conivente com a maracutaia para arrecadar votos.

Após me aposentar, entrei na prefeitura de Itaquaquecetuba, concursado como vigia. Lá fiz amizade com o jornalista Itamar e criei, com seu apoio, alguns projetos na escola, como o projeto cidadão, o de reciclagem e o seja escoteiro por um dia.

Graças à divulgação, fui convidado para fazer o projeto na escola integral do Parque Ecológico, as oficinas de jogos matemáticos e projetos temáticos. Tive a oportunidade de fazer várias reportagens para jornais e revistas de educação e um documentário para a filiada da TV Globo, no programa Globo Ecologia.

Recebi o prêmio de destaque do Sertanejo, em 2004; projetos e parcerias com algumas empresas.

Tudo corria a mil maravilhas até que apareceu um moço, Barnabé, que conheceu o grupo através do site. Ele parecia ter boa intenção. Corria atrás das necessidades do grupo. Mas durou pouco. A reação intenção de Barnabé era colocar as crianças para trabalhar como voluntários.

Depois de três meses que havia me desligado do grupo, fiquei sabendo que Barnabé estava fazendo política com o uniforme do grupo de escoteiros.

2
A vida no PARQUE

Resiliência à prova

O Parque Ecológico de Itaquaquecetuba fica localizado no centro da cidade, próximo à Estação Ferroviária. É uma área de mais de 200.000m² na várzea do Rio Tietê. Entre os anos de 1940 e 1970, concentrava-se ali atividade de mineração. O parque só começou a ganhar a forma como o conhecemos hoje no início dos anos oitenta.

O Parque Ecológico Municipal Mário do Canto recebe a presença dos seguintes animais: coruja barranqueira, garça, quero-quero, capivara, pica-pau de cabeça amarela, cágados aquáticos (nos lagos do parque), lagarto, teiú, anfíbios como a popular pererequa-de-banheiro, rãzinha-piadeira, sapo-cururu, entre outros animais.

Tive o privilégio de conhecer várias espécies de árvores, como areca-bambu (Dypis Lutencens), azaleia, acerola, mamão do mato, angico amarelo, angico vermelho, angico preto, angico pau jacaré, aroeira salsa, araçá amarelo, alamanda amarela, alfeneiro do Japão, cambará, coqueiro, carambola, cedro branco, cambuci, cedro, canjarana, castanha do Pará, cereja do Pará, embaúba, embiruçu, eucalipto, figueira benjamina, figo, feijão andu ou guandu, fruta de conde, guabiroba, goiaba, graviola, ipê, jacarandá, ingá, jabuticaba, jurema, jacarandá mimoso, jatobá, limoeiro, laranjeira, manga, pau brasil, pau ferro, pitangueira, pinheiro do Paraná, primavera, pau jacaré, pata de vaca roxa, pêssego, palmeira, sabugueiro, sabão de soldado, tangerina, uvalha, uvaia, amora, romã, urucu, banana, maracujá, castanha portuguesa, jambo, cana de açúcar, milho, girassol, cerejeira, pingo de ouro e muitas outras. O Parque Ecológico vem prestando relevante contribuição para a preservação do meio ambiente.

Nesta área também se encontra a defesa civil. A guarda civil faz operações com cães, tem uma escola de trânsito e uma ambiental. Mas a vigilância é feita por seguranças do município. Fui convidado para participar do projeto educacional extraescolar da Escola Municipal Vereador Augusto dos Santos, que funciona no parque.

3

A vida NA ESCOLA

Resiliência à prova

Nestes treze anos na escola, presenciei vários fatos marcantes em minha vida, que jamais esquecerei. Ao longo do tempo, estabeleci uma simples meta profissional: a do trabalho bem desenvolvido.

Muitas vezes tive que chamar a Defesa Civil para retirar animais silvestres da sala de aula. Afinal, a escola está situada dentro da natureza. Nós é que somos os invasores.

Citarei aqui os fatos mais marcantes desses treze anos na escola a qual tanto adoro.

Nas festas juninas me empenhei o máximo nas barracas e na disputa acirrada entre as salas de aula na arrecadação de prendas. A minha sala de aula foi a vencedora. Ganhamos uma excursão.

Tivemos vários eventos na escola: acampamento de vários distritos, uma grande festa sertaneja, uma entrevista com a TV Diário, afiliada da TV Globo, atividade relacionada à preservação do meio ambiente e o natal solidário (com brinquedos, lanches, refrigerantes e a chegada do Papai Noel).

Atitudes que trazem em meu coração o espírito de solidariedade, com uma simples semente plantada. Mesmo diante das dificuldades pelas quais passei, adorava o que fazia.

Graças ao movimento escoteiro, entrei na faculdade e me formei em Gestão Ambiental. Hoje participo de natação e hidroginástica na escola Fuji, localizada no Itaim Paulista, e da Equipe Atleta Vencedor. Sob a coordenação do instrutor Laércio, esta equipe tem representado o município de Itaquaquecetuba pelo Brasil, incentivando novos talentos para o esporte brasileiro. A minha vida tinha tudo para dar errado, mas deu tudo certo.

Além dos problemas de saúde que citei no início deste livro, fiz cirurgia para a retirada de pedras na vesícula e tive problema na tireoide. Acabei emagrecendo dezesseis quilos, pois sentia muito enjoo e quase não me alimentava. Tive que tomar iodo radiativo.

Quando sai da Vila Bartira, comprei um terreno junto à casa de dois valentões, Conterrâneo e Zé Valente. Como não estava recebendo o IPTU do meu terreno, resolvi perguntar a Conterrâneo se não estava com ele. O homem ficou bravo e disse que não faria acordo nenhum. Foi aí que descobri que ele estava pagando o meu IPTU e o dele não estava pago.

Fui à prefeitura, mas não consegui resolver a situação de imediato. Só depois de insistir muito, consegui uma nova via para pagamento. Conterrâneo, com sua valentia, teve a casa levada a leilão judicial.

Zé Valente, o outro vizinho, tinha construído um muro de um metro e meio para dividir a casa dele do meu terreno. Mas vivia reclamando comigo. Então, contratei um pedreiro para aumentar o muro. Apesar disso, ele ainda continuava reclamando. Ele chegou a derrubar o muro duas vezes, por maldade. Eu mandei construir de novo, as duas vezes.

Até que um dia ele subiu no sobrado dele e começou a falar palavrão. Estava tão nervoso que pedi a Deus que me ajudasse. O valentão disse que Deus não era nada. Depois de três dias, saiu o funeral do Zé Valente.

Na igreja Santa Margarida, em um domingo de pregação, fui convidado para ir ao púlpito falar para 300 fiéis. No meio da oratória, virei de costas para os fiéis e falei para o pastor que haveria derramamento de sangue na vida dele. Na sexta-feira seguinte ao culto, a família do pastor, indo a uma festa de formatura, bateu o carro contra uma viatura da polícia e seus parentes vieram a falecer.

Outras profecias aconteceram em minha vida. Uma vez um moço roubou um pacote de luvas que era para distribuir para os funcionários. Eu sabia que era ele e pedi o pacote de luvas, com ênfase na voz. Ele não teve como resistir e me entregou o pacote. Uma vez, no Rio de Janeiro, falei para um amigo que naquele dia ia ser diferente de todos os outros, pois aconteceria alguma coisa grande. Quando chegamos ao círculo de oração, a dirigente me chamou e me deu a palavra. Graças à palavra dita, muitos profetizaram e falaram cânticos de hinos espirituais.

Certa vez, Célia estava com forte dor na direção da barriga. Levei-a ao hospital, onde foi medicada. Mas, ao voltar para casa, as dores pioraram. Ela pedia que eu fizesse uma oração, pois não estava aguentando mais. Coloquei a mão na barriga dela e senti um grande caroço. Minhas mãos começaram a esquentar e o caroço desapareceu.

Em Manaus, um jovem me convidou para ir a sua casa. Mas pediu que não falasse no nome de Jesus. Estranhei, mas aceitei.

Quando entramos na sala da casa, aproximou-se uma menina de cabelos longos. Esquecido da fala do meu amigo, perguntei se ela gostava de Jesus. De repente, a menina foi tomada por uma força maligna. Ela rodava, gritava e derrubava tudo que via a sua frente. Ninguém conseguia segurá-la. Porém, bastou eu colocar minhas mãos sobre sua cabeça, ela respirou fundo e ficou totalmente liberta daquele mal.

No Rio de Janeiro, fui assaltado duas vezes com revólver apontado para a minha direção. Mas dois livramentos aconteceram.

Estava na minha casa, na rua das Pontes, quando policiais armados chegaram à igreja e perguntaram se eu conhecia o pastor. Com armas apontadas na minha direção, informei que era o proprietário do imóvel. Eles perguntaram sobre um amigo do meu inquilino. O homem havia atropelado um cidadão fugiu. Expliquei que aluguei a casa, mas não sabia nada sobre a visita do meu inquilino. Os policiais entenderam e foram embora.

Em uma viagem de retorno de Recife, percebi que a televisão da minha casa não estava funcionando. Então, resolvi tirá-la da sala para mandar ao conserto. Mas, ao transportar o aparelho, acabou escorregando, caindo no chão e quebrando. Meu cunhado, que era meu vizinho, não sabia que eu já havia retornado da viagem. Ele pensou que a minha casa estivesse sendo assaltada e chamou a polícia.

Ao conseguir levantar novamente o aparelho quebrado e caminhar em direção ao portão, vi-me cercado por viaturas e com policiais armados, dando ordem de prisão. Quase fui baleado dentro da minha própria casa naquele dia. Ainda bem que fui reconhecido pelo meu cunhado.

Augusto, amigo e sócio na sapataria que tive em Recife, teve uma vida bastante sofrida antes de me conhecer. Criava porcos para sobreviver e vivia de restos da feira livre do bairro Casa Amarela. O irmão menor dele saía pedindo esmola nas casas vizinhas para ajudar o irmão mais velho. Quando ele começou a trabalhar comigo na sapataria, ganhava quinhentos cruzeiros por semana. Graças a essa oportunidade, a vida dele deu uma reviravolta. Hoje ele é pastor presidente de uma igreja, seus filhos estão formados e casados. Como empresário, viajou até para Jerusalém e Itália. Devido à rotina de trabalho, cada um seguiu uma direção diferente na vida.

Durante uma viagem que fiz à Bahia, presenciei uma cena que chamou a minha atenção. Vi um jovem, Valter Barbosa, correndo desesperado e colegas atrás, com insultos. Fiquei preocupado com o que vi e resolvi seguir o rapaz. Com um pedido de permissão, sentei-me ao lado dele e comecei a conversar. Explicou que estava envergonhado por ter sido demitido da empresa em que trabalhava, por justa causa, devido à calúnia de colegas. Estava pensando em se suicidar, porque não aguentava mais a pressão e a vergonha.

Quando ouvi aquilo, convidei-o para ir ao Rio de Janeiro comigo. Graças a minha atitude, o rapaz foi morar em uma pensão Duque de Caxias e conseguiu trabalho no estaleiro naval, no setor administrativo.

Um conselho: cultive seus sentimentos e não espere a mulher deixá-lo para mudar suas atitudes. O homem precisa trabalhar, mas não demasiadamente. O tempo para o lazer é fundamental, assim como conversar com a parceira para compartilhar os problemas de cada dia. Então, procure se arrumar mais. Trate da saúde bocal. Faça exercícios físicos para controlar a pressão arterial e a glicose. Coma alimentos saudáveis. Evite fritura, sal e açúcar em excesso. Seja atento ao seu visual. Elogie a pessoa amada. Diga que a ama. Seja paciente. Esteja sempre disposto a ouvir. Organize-se. Ajude sua companheira nos afazeres domésticos. Viva longe dos vícios. Seja brincalhão. Invista na sua carreira profissional. Pense no seu futuro.

Em 1992, participei de uma campanha eleitoral na cidade de Itaquaquecetuba. Infelizmente, percebi a falsidade das pessoas na política. Descobri que uma pessoa que se dizia minha amiga estava trabalhando escondido para outro candidato. A falta de ética está presente nas pessoas, que se deixam levar por interesses pessoais e não públicos.

  Meu sonho sempre foi cursar uma faculdade. Mas as horas extras no trabalho, para juntar dinheiro e construir minha casa, adiaram meus planos.

  Quando consegui me formar em Teologia, percebi que podia ir além e cursei Gestão Ambiental. Agora, estou no quinto semestre de Pedagogia. Por isso que digo: minha vida tinha tudo para dar errado, porém deu tudo certo.

  Em abril de 1977, eu morava no antigo Jardim Romano. São Paulo, naquela época, era a terra da garoa. Fazia muito frio. Não estava acostumado com mudanças bruscas de temperatura. Afinal, minha cidade tem temperatura média de 38 graus.

  Além da falta de cobertor, tinha muita plantação de macaxeira, que deixava a lama preta. As ruas não tinham iluminação elétrica. Para as compras básicas, só tinha a barraca da Cecília. Não existia mercado próximo de casa. Somente no centro da cidade ou Itaim Paulista, no mercado Konfu.

  Quando eu tinha que resolver alguma coisa do meu terreno, ia até a imobiliária, na Praça da Sé, para falar com o Sr. Geovalgio, que era corretor. Tudo era muito difícil. D. Rita e Seu Raimundo, os moradores mais antigos da rua, sempre contavam aos mais novos as dificuldades que passávamos, por exemplo, para transportar as mercadorias do centro da cidade para nosso bairro. Só tínhamos uma linha de ônibus que servia o nosso bairro, e demorava muito. Da estação de trem até o Brás, era um sufoco por conta da lotação. Mesmo com as peruas, um tempo depois, que rodavam entre a estação Itaim até a divisa com o jardim Fiorelo, e os ônibus da CMTC, a situação ainda não era das melhores para se locomover com compras na cidade.

  Com a chegada da iluminação no bairro, a situação melhorou um pouco. Mas o grande problema era o saneamento básico nas ruas, que eram infesta-

Resiliência à prova

das de ratos, baratas e mosquitos, devido aos lixões e ao esgoto a céu aberto. Nesta época, um morador chamado Álvaro Augusto da Silva se comprometeu a ajudar o bairro e fez a primeira reunião com vários moradores e o vereador Albertino Nobre, para o qual encaminhou as reivindicações.

Infelizmente, o projeto da associação não foi adiante, porque as pessoas começaram a perder a intenção e o Sr. Raimundo, presidente, não mantinha em discussão as propostas de melhoria para o bairro, mas assuntos aleatórios. . Neste momento, resolvi que faria uma reunião na minha casa com os membros da associação, no bairro Jardim Célia. As reuniões seguintes aconteceram na oficina de costura do Sr. Lourival Lima.

Como a nova associação começou a ganhar força, o morador Jairo, homem dinâmico, inteligente e um verdadeiro líder comunitário, foi convidado para ser o presidente e Wilson, outro morador, para assumir a secretaria. Outros moradores como Cosmo, Roberto, Josué, pastor Rafael Severino, Luís Valente (coordenador do movimento pró-estação), Roberto, José dos Prazeres e o meu grande amigo relojoeiro, fizeram parte da comissão de melhorias para o bairro.

A primeira proposta da comissão incluía a melhoria nos trens ferroviários, que atrasavam muito e andavam com as portas abertas. Além de que, dentro dos vagões, você encontrava roda de samba, pagode, festa de aniversário, culto evangélico com vários instrumentos musicais, pessoas fumando cigarros e até baseados, tarados se aproveitando das mulheres, vendedores ambulantes e trombadinhas. Os trens não apresentavam segurança, porque circulavam de portas abertas e algumas pessoas surfavam em cima dos vagões, expostos a fios de alta tensão. Tudo isso somado ao atraso diário dos trens e da ação dos vândalos que destruíam os vagões e dificultavam ainda mais a situação.

Para melhorar a qualidade de transporte, a comissão reuniu um abaixo-assinado com mais de vinte e cinco mil assinaturas. O grupo de escoteiros e as paróquias do Jardim Romano e do Jardim Helena encaminharam ofícios ao jornal de Itaquaquecetuba, que publicou na primeira quinzena de setembro de 1987 uma matéria sobre o movimento. O jornal Zona Leste também abraçou a nossa causa e publicou matéria em favor do nosso movimento. Após 20 anos de mobilização popular, foi inaugurada, em 16 de julho de 2008, a CPTM, a qual atende a nossa região, o bairro de Itaquaquecetuba e Jardim Fiorelo.

Além do projeto de melhoria do transporte público, os moradores também montaram comissão para a construção do Hospital Santa Marcelina, de viadutos, do CEU Três Pontes – para melhor qualidade de vida e educação de nossas crianças – e da UBS da Rua Capachós. Tudo com o apoio do líder comunitário Zelão que abraçou as causas.

Mas o grande drama do Jardim Romano era o alagamento por conta das chuvas fortes que caíam na cidade paulistana na época. Muitas vezes não conseguia entrar na minha casa. Até o muro da rede ferroviária chegou a cair pelo excesso de água e lama.

A maior enchente que vivenciei aconteceu em 8 de dezembro de 2009. A defesa civil e a polícia militar vieram para ajudar os moradores, que ficaram ilhados. Muitas pessoas perderam suas casas. Hoje não sofremos mais com as enchentes porque foi construído um grande reservatório que bombeia as águas para o rio Tietê, impedindo que deságue no Jardim Romano.

Para entreter as crianças e aliviar um pouco a sensação de perda pelo alagamento, organizei uma festa junina na Rua Capachós, a qual virou símbolo do alagamento. O evento movimentou a criançada do bairro, que aproveitou as brincadeiras, a quadrilha e a comilança. Além de contar com a participação dos amigos, dos comerciantes locais, dos professores e alunos do CEU.

Como era o organizador da festa, providenciei o aluguel dos brinquedos. E foi uma verdadeira maratona. O jacaré pula-pula veio sem o motor. Eu e meu amigo Marcos tivemos que voltar a São Miguel Paulista para buscar o motor do brinquedo. E olha que era longe. Enfrentamos uma escada estreita, carregando duzentos quilos na cabeça e, quando finalmente, montamos o brinquedo, caiu um temporal e alagou o espaço. O jeito foi esperar a chuva passar e limpar o local para as crianças brincarem. Mas valeu a pena.

Com a organização da festa junina no meu bairro, percebi que podia trabalhar com isso. Então, comecei a montar eventos. Mas percebi que a coisa não era tão simples assim.

Em uma festa, levamos cincos brinquedos. No final, só sobrou um real para dividir entre os organizadores. Três outras festas foram numa creche e a diretora não pagou. Saí com as mãos abanando e ainda tive de colocar gasolina no carro. Outra vez, o carro ficou sem gasolina no local do evento. Vivi só aventura. Dinheiro, não ganhei nada. Estava pagando para trabalhar. E ainda tinha que enfrentar os vândalos no final da festa, que vinham para danificar os brinquedos.

Para não ficar desempregado, vivi muitos desafios: mudança de um estado para outro e problemas de saúde. Mas eu tinha em mente um projeto de vida. Fico pensando, às vezes, como uma criatura fica parada, esperando o seguro desemprego e não sai para trabalhar. Já fiz de tudo: vendi confeito com um tabuleiro pendurado no pescoço e empada de camarão feita pela minha mãe, ajuntei caminhão de areia dos córregos de esgoto, carreguei frete na feira de Casa Amarela, fui engraxate, sapateiro, ajudante de pedreiro, operador de injetora de plástico, soldador elétrico, soldador MIG, chefe de produção do setor de solda, pedreiro, vigia, professor de oficina de escoteiros, professor de jogos e projetos temáticos na área da educação, funcionário público, trabalhei com aluguel de brinquedos infláveis, tirando cópias e fazendo reciclagem para cooperar com o meio ambiente. Nunca rejeitei uma oportunidade. Procuro sempre me aperfeiçoar, fazendo cursos profissionalizantes no SENAI.

Graças ao curso de soldador elétrico, tive uma melhora financeira. Mesmo com todas as dificuldades da profissão, fui promovido como chefe do setor de solda. Hoje agradeço às oportunidades que tive e à minha persistência em atingir meus objetivos.

A vida é uma ação política. Se não tivermos ações para ajudar a nossa comunidade, tudo se perde. Precisamos entender que o feijão, o açúcar, o café e as igrejas constituem uma organização interna estatutária pela política. Aquele que diz que não gosta de política, torna-se um analfabeto político. Quanto menos conhecimento político, mais os líderes dominam as classes menos esclarecidas, tirando proveito, colocando medo nas pessoas, tomando dinheiro com falsas promessas de riquezas e qualidade de vida.

O povo está mergulhado na profunda escuridão da pobreza financeira e intelectual. Mal informado, acaba sendo enganado por falsos líderes religiosos, que apresentam contradições em seus milagres, ganhando dinheiro dos fiéis. Muitos líderes se esquecem de que Jesus não fazia diferença entre as pessoas: "Daí de graça o que de graça recebeste".

A liderança religiosa necessita passar por uma transformação. Enquanto muitos líderes estão milionários, o povo não tem dinheiro nem para se alimentar, pagar convênio médico ou faculdade para seu filho. A prosperidade não vem do dia para a noite. A verdadeira prosperidade está dentro de cada um de nós. Os verdadeiros milagres vêm através da fé de cada um.

Hoje sou Bacharel em Teologia e Gestão Ambiental; acadêmico em Pedagogia.

4
Poema

Resiliência à prova

Nasce um canto poético
de um rio que corre,
de um pássaro que canta,
de uma flor que nasce.

Nasce uma poesia
do sol de cada manhã
a cada anoitecer
de um amor proibido.

A cada sonho.
Assim vive um poeta,
Na solidão de seu canto.

Na linha tênue do destino.
Entre dois seres existe
a cumplicidade do olhar,
que ninguém presencia,

Uma voz que ninguém escuta.
Uma paixão que ninguém nota.
É algo que somente eles sentem.
São almas gêmeas
presas no infinito amor.

Na praia da vida a encontrei.
Em meio à areia, adormeci
coberto pelo céu estrelado,
sentindo o frio proveniente do mar.

A brisa marítima trouxe o amor.
O primeiro beijo inesquecível.
Os lábios salgados e calorosos.
Eu a tive na praia da vida.

Guardo seu rosto ensolarado
em meu coração avermelhado,
como o mar guarda navios naufragados.

Para você, amor.
Primeiro a encontrei,
depois me encontrei.
Não será difícil encontrá-la novamente.
Estou aqui a esperar.
Porém não demore!
O reencontro pode se transformar
em novo desencontro.

Como a flor do campo,
umedecida pelo orvalho da manhã,
de você trouxe a razão do meu jardim.
E nele floriu o amor, como esperança.
Um pequeno nome que me toca,
que me traz para a vida.
Sem ti sou céu sem estrela.
Os campos perdem a beleza.

Pequena flor da manhã,
da tonalidade rosa,
com pétalas macias,
do aroma da vida,
emana a existência
em seu ser, flor do campo.

Para falar de amor,
é preciso existir amor.
Não mentiras ou ilusões falsas.
Tem amor que a gente sente
e não sabe descobrir.

O amor é semente.
Vai crescendo com o tempo.
Ele nunca termina
quando é amor verdadeiro.

Resiliência à prova

A fuga nos pés.
O rastro deixado nos caminhos,
Como marca no tempo.

Emerge a solidão no peito.
A tristeza contida na vida.
A cada passo, a cada instante,
Uma nova ilusão se transforma
Em árdua decepção.

Oh! Saudade!
Por que invade a minha alma?
Por que a tristeza atormenta
meu coração?

Oh! Amor da terra,
por onde anda você
que não a encontro?

A poesia é um fio metálico de sentimentos,
que une os seres humanos na vida.
A poesia nasce na naturalidade.
Sou um poeta sem ofício,
Como tanto outros
que existem na terra.

Amo Deus e a natureza.
Amo minha poesia e essa mulher.

Em meio à solidão,
Encontrei em meus sonhos
A beleza de uma sereia.
E, de seus olhos, pérolas.
Os cabelos em cachos provocando desejos.
Eu olhava o mar
sereno em noites estreladas.
E você cantando uma canção
de amor que me alucinava.

Agora não me sinto tão só,
linda sereia dos meus sonhos.
Você existe
e está junto a mim.
Posso até senti-la.

Onde estará agora,
pequena gota de orvalho,
que não sinto a sua umidade
em minhas folhas secas?

Onde estará agora,
pequena gota de orvalho,
que é minha existência,
que faz no meu amanhã
o amor e a esperança renascerem?

A vida nos separou,
como os astros.
De dia nasce o sol radiante,
à noite, a lua resplandecente.
Mas a eclipse,
casamento dos astros,
deixará como herança
o arco-íris sem chuva
como forma de amar.

Eu sou o caminho
para seus lindos pés pisarem.
Eu sou o alimento
para alimentar sua fome.
Eu sou a água
que sacia sua sede.
Eu sou a natureza
que seus olhos admiram.
Eu estou dentro de você
em todos os momentos.
Quero estar junto ao seu sorriso,
às suas lágrimas.
Afinal, sou egoísta por amá-la
Tanto assim.

Resiliência à prova

Corpo espírito quando nasce.
Corpo inocente.
Corpo jovem.
Corpo músculos.
Corpo esbelto.
Corpo pecado.
Corpo amor.
Corpo cansado.
Corpo velho.
Corpo inerte.
Corpo do fim.
Desunir.
Corpo e espírito.

Amar é
Amá-la
Amar-me
Amar de novo
Continuar amando
Sempre amando
Amando-a.

Nasci do amor
E com amor morrerei.

O poeta não poetiza.
Não escreve versos,
nem poema, nem poesia.
Sente a pureza da natureza.
Envolve-se com as palavras
Para descrever o que sente.
Ama mais, sofre mais.
A sensibilidade à flor da pele
faz sentir-se mais triste.

Às vezes, não é compreendido.
As palavras fogem.
A timidez é óbvia.
O coração sangra.

Ah! Os amantes,
que na penumbra de um quarto,
entre sussurros e gemidos,
entregam-se,
embriagam-se nos corpos
sedentos de amor
à procura do ápice da alma.

A cada gota de suor,
uma gota de amor.

Lua!
Por que brilha para mim?
Guarda meus olhos,
Como guardo seu amor.

Você é formosa,
em seu brilho esplendoroso,
Guardo na noite
lembranças e enigmas
dos amantes perdidos
em solidão.

Lua!
Por que brilha para mim?

Amor, com luz radiante,
ilumina os passos da bailarina.
A vida como sinfonia toca,
com a sutileza de bailarina,
a cada rodopio, sua imagem brilha.

Como estrela no infinito,
A cada passo, seus pés marcam a vida,
Como alguém que acredita no amor.
Não seria o que sou.
Não falei única palavra.
Não sentirei o que sinto.
Se não amasse o que amo.

Resiliência à prova

Sou pedra.
Sou granito.
Sou cascalho.
Sou lapidado no interior.
A perfeição do sentimento que persiste
em um coração que existe
num grande amor sem fim.

As armas de um poeta
são as palavras.
Com elas, dá vazão
aos sentimentos em relação
à vida, às pessoas, à natureza,
ao amor.

Quando alguém perde um amor
em algum lugar deste mundo,
sempre existirá a possibilidade
de um reencontro.
Haverá acalento feliz.

Quando perdemos alguém
numa viagem sem volta,
haverá somente lembrança
e uma tristeza na alma.

Com seus olhos de loba voraz,
não me encare.
Deixe que eu a olhe.
Com seus braços de samambaia,
não me abrace.
Deixe que eu a abrace.
Com seus lábios de pólen das flores,
não me beije.
Deixe que eu a beijo.
Estarei preso a você, minha amada!
Uma lágrima nos cantos dos olhos.
Uma lágrima suspensa no olhar.
Prestes a cair.

O que é uma lágrima?
Forma de demonstrar
o que sentimos:
tristeza, paixão, despedida.
Alegria de estar com quem se ama.

Ao derramar lágrimas,
a nossa sensibilidade,
lembrança de amores perdidos,
pelo tempo,
em nossos corações.

Eu morderia um pedaço do céu.
A sua imagem de porcelana.
Sozinho.
A cada olhar.
Um suspiro.
Pulsão estelar
cravada no coração,
A dor da paixão
no sangue avermelhado.
A cada taça derramada,
a cor da morte
prenúncio de amor
existente em mim.

Quantas manhãs terei que esperar
para sentir o raio de sol da manhã
a vida que você me traz?

Quantas noites terei que esperar
para sentir de novo o brilho do luar?

Quantas manhãs e noites
terei que esperar?

Se passar manhãs e noites,
eu espero que retorne para mim.

Resiliência à prova

Cerro meus olhos.
Você divaga em meus pensamentos.
São sonhos.
Estou delirando.
Sinto a pele em arrepios.
Ondas do mar
em contato com a pele e o corpo.
Entorpecido pelo amor que me embriaga,
alucino-me.
Perco a razão.

São sonhos.
Estou delirando.
O que me acalenta é a sua alma.
Quero tê-la em meus braços.
Senti sua respiração.
São sonhos.
Paixão amordaçada
em meu coração em cárcere.

Guardarei em mim
Amores que a vida me presenteou.
Guardarei em mim
Amores que a vida me negou.
Guardarei em mim
o que a vida ainda me reserva.
Não sofro por amores.
Amores se vão.
Guardarei amores que vêm.
Estão livres para amar.

O tempo não tem mais tempo
para ter tempo.
Não percamos mais tempo
para sermos felizes, para amar.
O tempo é o tempo.
Nunca perdendo tempo.

Onde estiver
Lembre-se da dimensão da razão.
Envolvido estou numa paixão.
Fruto proibido de um paraíso sem fim.
Restou a mim a lembrança
que glorifica a alma.
Por fim, este coração acalma.

A natureza nos proporciona surpresas.
Sempre na parte da manhã,
surge um lindo beija-flor rouxinol.
Ele me olha como a pedir permissão
para beijar as flores do pé de carambola.
Confesso que são flores minúsculas,
mas são flores lindas.

Queria ser um beija flor
para beijá-la.
Perdido ao longe.
Perdido para sempre.

Quando encontrar a sua alma gêmea,
entenderá.
Os outros amores
deixaram você partir
sem ao menos perguntar:
por que me deixou?

São perguntas e respostas
que somente o anjo cupido
poderá responder.

Eu olhei para a noite
Entre nuvens expressas.
A chuva caía.
Era sua imagem.
Era uma gota de chuva
que caía do céu.

Resiliência à prova

Uma simples gota de água.
Você era uma simples gota.
Uma gota glorificada pelo céu.
Uma gota de chuva que caía.

Às vezes,
o homem se esconde em sua covardia
as lágrimas de amor perdido.
Por isso não consegue amar
com medo de chorar por amor.
Somos eternos covardes
por não assumir o amor
por medo de lágrimas.

Não queremos menos.
O amor é forma de viver.
Todos se procurando.
Acham que se encontraram.
Mas se procurando.
Não somos, ou nunca seremos, felizes.
Estamos sempre na incessante busca
da nossa alma gêmea.
Não conseguimos viver em meio à solidão.
A alma anseia que sejamos felizes.
Com procura ou sem procura.

Nesta primavera
espero que não perca o romantismo.
Mesmo sabendo que as rosas não falam,
simplesmente exalam
o perfume na vida,
nos versos.

Na minha poesia
Uma rosa em meio a tantas rosas.
Você é a única rosa em meu coração jardim.

Todas as mulheres possuem
uma beleza singular,

Umas mais; outras menos.
Mas são portadoras
de uma força interior.
Exercem seu encanto,
Como fadas em voos.

Nós somos aprisionados
Por esse fascínio.
Sem elas,
não conseguimos viver.
Às vezes, não nos envolvemos
por medo ou por orgulho.
Perdemos a chance de amar.
ou perdemos o que mais amamos
sem ao menos dizer adeus.

Desnude o véu da alma
e deixe o amor aflorar,
para que encontre a felicidade,
ainda que tardia.

O homem passa a vida inteira
procurando o caminho.
Sê sua razão existencial.
Pelos caminhos de tal,
encontra a morte,
sem jamais encontrá-la.
Ficando a frustração
como sentimento vivo
que restou na tumba.

Nunca chore por amor.
Não vale a pena!
Cada lágrima derramada
é menos um sorriso.
Não vale a pena!

O coração padece.
A alma entristece.

Resiliência à prova

Não vale a pena!
O destino em nossa vida
é como um palco
a cada instante
nova peça,
nova cena.
Nós, divinos atores,
representamos tipos.
A cada instante da vida,
somos mais atores,
nesta vida (sem) vida.

Quando nos sentimos amados,
mais devemos amar,
mais correspondidos ao amor
estaremos.
Se formos esquecidos
por um amor,
devemos também esquecer.
O amor é espelho,
tem de ter reflexo.

O único bálsamo
capaz de aliviar
as dores de um amor
não correspondido
encontra-se na busca
por outro amor.

Nem o sol esplendoroso,
nem a lua faceira,
nem o cantarolar dos pássaros,
nem a beleza da rainha natureza,
nada mais tem vida,
nada mais tem cor,
nada mais tem graça,
sem você,

sem o seu amor.
Mulher
você é a fonte de energia
que sustenta a minha alma.
Luz que brilha
e irradia o meu coração
a cada amanhecer.
Você é o complemento
que faltava.
Razão lógica,
do meu viver.

Mulher
Você envolve a minha alma
num véu transparente de luz.
Você me embriaga com a sua doçura.
Leva-me a uma viagem de delírio.
Perdido estou.
Acorrentado em seus braços.
Amordaçado em seus lábios.
Aprisionado em seu coração.

Você está em mim
em pensamento.
Estou preso
ao seu corpo.
A sua alma
está em mim como estou em você.
No infinitivo das almas.
Como sangra meu coração!
Saudade de alguém
que ao longe ficou
em algum ponto da vida,
Saudade de alguém
do seu rosto meigo,
do ser estranho,
dos seus lábios ardentes.

Como dói no coração

Resiliência à prova

a distância que separa!
Onde estarão seus olhos
que não os vejo e não me olham?
Saudade de alguém.

Ergo a taça.
Brindo.
A cada taça de vinho,
sangue sagrado de uva.
Sinto a embriaguez na alma.
Brindo.
Não entendo tal festa.
Ergo a taça.
Brindo.
Amada de minha alma!

Entre um sonho,
num distante tempo,
luz reluzente,
arco-íris multicolorido,
sorriso nos lábios.
Imenso túmulo.
Na lápide, com letras douradas:
"Aqui jaz a guerra e a fome".

A cada instante sombrio,
sinto a vida esvaindo
numa brisa úmida do tempo.
Desejo me levantar,
mas a febre de amor impede.
Lampejo de luz.
Ansiedade de bem-estar.
Delírio.
A febre de amor me consome.

Em sonho,
caminho pelos bosques.
O cantarolar dos pássaros.
A cada instante sóbrio,
a vida se esvaindo,

numa brisa úmida do tempo.
Mulher
Perfume natural do corpo.
Meu corpo padece.
Lábios adocicados.
Meu corpo estremece
ao beijar seu rosto.
Meu corpo lateja
ao acariciar seu corpo de seda.
Meu corpo enrijece.
A minha carne está em sua carne.
Meu corpo delira
ao jorro do líquido sagrado do amor.
Meu corpo em êxtase permanece.
Ao senti-la em mim,
no cosmos sem fim.

Você é um anjo na terra.
Eleva meu coração.
Única esperança.
Único amor.
É divina, é bela.
Magia interligando nossas almas.
Fascina-me sua pureza.
Meu anjo de luz,
ilumina a minha vida e me conduz.

Cerrar os olhos.
Breve momento na escuridão.
A pessoa que amamos
sorrindo, cantando, dançando.

Os homens que não souberam aceitar
as pequenas falhas das mulheres
nunca aproveitarão as grandes virtudes.
Elas são de uma substância,
sempre encontraremos coisas novas.
Elas estão no universo.

Resiliência à prova

Um novo planeta a descobrir.
Quem nunca ingeriu
o néctar do amor?
Doce, inebriante, alucinógeno.
Indigesto, amargo como fel.
A procura do eterno amor.

As musas inspiradoras.
Mulheres que estão no coração.
Nas várias partes do mundo.
Amigas, fadas, anjos, lindas.

Sem as mulheres,
não há inspiração,
não há versos,
não há poesia,
não há vida.

———•••———   ———•••———

Poesias com direitos adquiridos.

Agradecimentos

Agradeço a todos que contribuíram para a realização desta obra, direta ou indiretamente.

Ao meu ilustre amigo e professor Fabiano, pelo incentivo; à coordenadora pedagógica Rosângela Francisca da Silva, por escrever alguns capítulos compartilhando comigo seus sentimentos; ao diretor do jornal do Itaim Paulista, ao jornalista Vander Ramos e a Felipe Godoy, por terem publicado a matéria da festa do Jardim Romano. Também a meu amigo Marco Antônio Ecezano, chefe da segurança do Parque Ecológico de Itaquaquecetuba; às professoras, professores e à direção da Escola Vereador Augusto dos Santos; aos companheiros e companheiras de trabalho Cleide e Cássia; aos amigos Imer Sudario, Ivone, Manoel Silvia, Eliana Luz e Maria do Carmo; à Equipe Atleta Vencedor de Itaquaquecetuba ao treinador Laércio, à coordenadora pedagógica Mari, à professora Izildinha, e a todos professores, direção e universitários do polo São Miguel Paulista da faculdade Braz Cubas. Às professoras Rose e Andrea, demais professores e atletas da Academia Fuji de Natação. Ao chefe de escoteiros Valter. A Itamar de Souza, diretor do jornal de Itaquá, a Jordeci, Miguel e toda a segurança patrimonial da Secretaria de Segurança Pública de Itaquaquecetuba e Kelly.

A você leitor, muito obrigado, por compartilhar minhas vivências.

> "Diante das derrotas, a certeza de que a fé em Deus nos dá a vitória. Hoje posso dizer que eu VENCI".
>
> Carlos Barros da Silva

Impressão e acabamento
Rotermund
Fone (51) 3589 5111
comercial@rotermund.com.br